Justus Carrière

Regenerations-Erscheinungen bei den Schnecken

Justus Carrière

Regenerations-Erscheinungen bei den Schnecken

ISBN/EAN: 9783744620031

Hergestellt in Europa, USA, Kanada, Australien, Japan

Cover: Foto ©berggeist007 / pixelio.de

Weitere Bücher finden Sie auf **www.hansebooks.com**

REGENERATIONS-ERSCHEINUNGEN

BEI DEN

SCHNECKEN.

DISSERTATION

ZUR

ERLANGUNG DER PHILOSOPHISCHEN DOCTORWÜRDE

AN DER

UNIVERSITÄT MÜNCHEN

EINGEREICHT

VON

JUSTUS CARRIÈRE.

WÜRZBURG.
DRUCK DER THEIN'SCHEN DRUCKEREI (STÜRTZ).
1880.

Inhalt.

	Seite
I. Geschichte der Versuche über die Regeneration bei den Schnecken und allgemeine Beobachtungen.	
1. Historische Uebersicht	1
2. Von den Verhältnissen, welche die Regeneration beeinflussen	22
3. Allgemeine Angaben über meine Versuche	25
II. Die Bildung des Epithels und des Auges bei der Regeneration	31
1. Die Regeneration des Epithels	33
2. Die Regeneration des Auges	35
3. Die Bildung und Structur der Linse	43
III. Die Regeneration des Auges im Vergleich mit der embryonalen Entwicklung	46
Résumé	50
Nachtrag zu pag. 26	51
Verzeichniss der benützten Literatur	52
Tafel-Erklärung	54

I.
Geschichte der Versuche über die Regeneration bei den Schnecken im Allgemeinen, im Vergleich mit den eigenen Beobachtungen.

„Es hat sich wohl in unseren Tagen keine ausserordentliche Naturerscheinung gezeigt, welche durch ihre Neuheit und anscheinende Eigenheit die Naturforscher in solche Aufregung versetzte, welche Ursache zu so vielen Versuchen mit so verschiedenen, ja sich widersprechenden Resultaten war, als die Regeneration des Kopfes bei den Landschnecken." — Diese stolzen Worte, mit welchen *Spallanzani* seine „Memoria seconda ed ultima sopra la riproduzione della Testa nelle lumache terrestri" beginnt, sind wohl berechtigt. Denn über ein Jahrzehnt erhielt seine Entdeckung die Vertreter der Naturwissenschaft in reger Thätigkeit und Naturforscher, Mönche, Mediziner, Philosophen und Pastoren stellten Versuche an, und befehdeten einander in mannigfachen Zeitschriften darüber — ob den Schnecken abgeschnittene Köpfe nachwüchsen oder nicht. —

Diese allgemeine Theilnahme kann nicht Wunder nehmen. War es doch in der Mitte des vorigen Jahrhunderts Mode, sich mit Naturwissenschaften zu beschäftigen; *Roesel v. Rosenhof's* „Insektenbelustigungen" waren in den Händen fast aller Gebildeten und hieraus, wie aus *Trembley's* Werken, war der Gelehrten- wie der Laienwelt bekannt, dass Tritonen und Eidechsen, Würmer und Süsswasserpolypen die Fähigkeit besitzen, verlorene Körpertheile, beziehungsweise Gliedmassen wieder zu erzeugen. Wenn nun in diesen Jahren, in welchen so viele Gelehrte sich in ihren freien Stunden mit wissenschaftlichen Versuchen aller Art befassten, ein Mann wie *Spallanzani*[1] mit der Behauptung auftrat, dass unseren gewöhnlichen Gartenschnecken nicht nur die abgeschnittenen Fühler, sondern sogar die Köpfe nachwüchsen, so musste wohl für die armen Schnecken eine schlimme Zeit anbrechen. Zu vielen Tausenden wurden sie verstümmelt und geköpft, um eine so unglaubliche Angabe zu beweisen oder auch zu widerlegen. — .

Ehe ich nun auf *Spallanzani's* Resultate eingehe, handelt es sich darum, zu untersuchen, ob er auch wirklich der erste ist, welcher solche Versuche angestellt hat, zumal, da eine Notiz

---

[1] *Spallanzani*. Prodromo di un opera ad impremersi sopra le riproduzioni animali. Modena 1768.

bei *Murray*[1]) glauben lässt, dass *Linné* schon die Regeneration der Fühler behauptet habe. Da findet sich denn, dass die ersten Versuche mit Schnecken nicht auf ihre Regenerationsfähigkeit, sondern auf ihre Lebenszähigkeit hin angestellt wurden. So beobachtete *Lister*[2]) 1694, dass Thiere, welchen er Herz und Niere ausgeschnitten hatte, noch 4 Tage lang lebten und *Ziegenbalg*[3]) legte im Jahre 1753 der Akademie zu Kopenhagen eine Abhandlung vor, in welcher er beschrieb, dass einige Schnecken, denen er die Köpfe abgeschnitten hatte, längere Zeit am Leben blieben und fortfuhren, wie früher sich in das Gehäuse zurückzuziehen und wieder herauszukommen. Dagegen findet sich in den von *Linné*[4]) herausgegebenen „Amoenitates Academicae" in einer Abhandlung von *Godofredus Dubois* über die Taenia der Satz: „quod conche sua resumant cornua post resectionem" (welchen *Murray Linné* selbst zuschreibt) gelegentlich einer Zusammenstellung der Thiere, von welchen eine Regeneration bekannt sei. Aus der Art, wie dieser Schüler *Linné*'s von dem Faktum als einem ganz bekannten, spricht, erhellt, dass die Wiedererzeugung der Tentakel bei den Schnecken schon vor längerer Zeit beobachtet sein musste. Es war mir aber nicht möglich, in der Literatur eine ältere Notiz zu finden, als die oben citirte und da *Lister* in seiner eingehenden Untersuchung über die Schnecken dieser Fähigkeit nicht die geringste Erwähnung thut, so ist es wohl gestattet, die ersten Beobachtungen darüber ungefähr in das erste Drittheil des 18. Jahrhunderts zurückzudatiren.

Wenn wir also auch vor *Spallanzani* die Regeneration der Fühler erwähnt finden, so ist er doch jedenfalls der erste, welcher genauere Beobachtungen darüber sowohl wie über die Wiedererzeugung des Kopfes anstellte und veröffentlichte. — Nun zurück zu *Spallanzani*'s „Prodromo".[5])

In diesem bespricht er zuerst die Regenerationserscheinungen bei Land- und Süsswasserwürmern, sowie bei Froschlarven und beginnt dann pag. 60 mit der Wiedererzeugung des Kopfes und anderer Theile bei Gehäuseschnecken und der Fühler bei Nacktschnecken. Zunächst beschreibt er den Bau der Kopfes mit dem Gehirn, den davon ausgehenden 12 Nerven, den 4 Tentakeln, von welchen 2 die Augen tragen, und den Muskeln, welche zur Bewegung der Tentakel wie der übrigen Theile des Kopfes dienen, als welche Mund, Lippen, Zunge, Gaumen, Schlundkopf[6]) und Kiefer genannt werden.

In erster Linie vermögen die Schnecken die Tentakel zu reproduziren, die Art und Weise der Reproduktion aber ist ganz anders als bei den zuerst erwähnten Thieren. Während bei diesen sich am Stumpf zunächst ein kleiner Kegel bildet, dessen Basis viel kleiner ist als die des Stumpfes,

---

[1]) *Murray*. De redintegratione partium cochleis limacibusque praecisarum. Göttingae 1776.
[2]) *Martini Lister*, exercitatio anatomica. Londini 1694 cap. 13 p. 38.
[3]) *Ziegenbalg*. in Mercure Danois 1754 fevrier.
[4]) *Godofredus Dubois*. Abhandlung: Taenia in Caroli Linnaei Amoenitates Academicae. 1751 vol. II. pag. 65.
[5]) Auf Veranlassung *Ch. Bonnet*'s erschien noch im gleichen Jahre wie das Original eine französische Uebersetzung desselben unter dem Titel: „Programme ou précis d'un ouvrage sur les reproductions animales etc. par de la Sabionne. Geneve 1768.
[6]) ventricolo: Ich übersetze die veralteten Ausdrücke der verschiedenen Autoren durch die jetzt gebräuchlichen, sage also „Kiefer" statt „Zahn" u. s. w.

eine Verschiedenheit, die sich erst im Laufe der Zeit ausgleicht, rundet sich bei den Schnecken der Stumpf des Fühlers zu einem kleinen Knopf ab, welcher sich vergrössert und schliesslich auf seiner Spitze — wenn es einer der grösseren Fühler war — das Auge erkennen lässt. Dabei verlängert er sich und wird nach einer gewissen Zeit dem unverstümmelten Tentakel gleich. Doch kommt es auch vor, dass der Stumpf, statt sich abzurunden, sich zuspitzt und verlängert, aber sonst in der beschriebenen Weise wächst. Der so regenerirte Fühler zeigt bei der genauesten anatomischen Untersuchung keinen Unterschied von dem normalen. Aber so wie der hier beschriebene Vorgang sich von der Reproduction bei anderen Thieren unterscheidet, ist der Erfolg auch nicht immer in gleicher Weise gesichert.

Schneidet man einer Schnecke den ganzen Kopf ab, so entsteht ein neuer; jedoch nicht sofort als ein vollständiges Organ, sondern die einzelnen Theile desselben treten unabhängig von einander auf, das eine früher, das andere später und vereinigen sich erst nach längerer Zeit zu einem Gebilde, welches von dem früheren Kopf sich wenig oder gar nicht unterscheidet. Einige Zeit nach der Operation tritt in der Mitte des Stumpfes eine kleine Kugel auf, welche nur die Anlagen der beiden Lippen, sowie der beiden kleinen Fühler mit Mund und Kiefer enthält. In anderen Fällen wird zunächst der eine Augenträger mit dem Auge gebildet und erst später entwickeln sich die Lippen. Bei einem dritten Thiere sieht man zuerst eine Gruppe von drei Fühlern, zwei wohl ausgebildet und den dritten eben aufkeimend. Bei manchen Schnecken entsteht zunächst ein kleiner Knopf mit den Anlagen der Lippen, bei andern der ganze Kopf auf einmal mit Ausnahme eines oder mehrerer Tentakel. Oder es zeigen sich zuerst die beiden grossen Fühler oder die beiden kleinen oder ein grosser und ein kleiner. Es kommt vor, dass ein Thier noch den nackten Stumpf zeigt, während andere schon in verschiedener Weise regenerirt haben und es gibt Schnecken, bei denen der neue Kopf vor dem alten nur durch eine graue Linie ausgezeichnet ist, welche die Schnittfläche bezeichnet. Statt dieser Linie tritt auch öfters eine tiefe weissliche Einsenkung auf, namentlich wenn der Schnitt schief geführt wurde. Dieses Zeichen des Schnitts ist bei manchen Thieren noch nach zwei Jahren wahrzunehmen und ebenso gibt es Exemplare, denen nach dieser Frist noch der eine oder andere Fühler mangelt und bei welchen dieselben verkürzt oder missgestaltet sind.

Einen untrüglichen Beweis dafür, dass die Köpfe mit allen ihren Bestandtheilen regenerirt waren, bot nicht nur der Umstand, dass die Thiere damit frassen, sondern auch die genaue anatomische Untersuchung.

Und die Regeneration findet statt, ob man den Kopf vor oder hinter dem Gehirn abschneidet, da in letzterem Fall das Gehirn sich ebenfalls neu bildet.

Auch andere Theile wie Mantel und Fuss regeneriren sich.

Diese Gabe der Regeneration ist allen Species von Helix eigen, welche *Spallanzani* untersuchte; auch die Nacktschnecken erneuern die abgeschnittenen Fühler, aber in Bezug auf die Regeneration des Kopfes stehen sie hinter den Gehäuseschnecken weit zurück. — Dies sind die ersten Erfahrungen *Spallanzani's*. In welchem Verhältniss dieselben zu meinen Beobachtungen stehen, werde ich darlegen, nachdem ich die vielen Versuche, welche im Anschlusse an den

Prodromo sowohl für wie gegen *Spallanzani* publicirt wurden, einer eingehenden Kritik unterworfen habe. Und so beginne ich mit den Vertheidigern der Regeneration. Der Erste, welcher in grösserem Masse günstige Resultate erzielte, war *Schäffer*. Noch im Juli 1768 begann er mit seinen Versuchen, die ich hier in eine Tabelle geordnet folgen lasse.[1])

Datum	Nr.	Species.	Zahl.	Abgeschnittene Theile	Bemerkungen.
1768 Juli	1 [2])	Nacktschnecken.	6	Kopf.	Am 3. und 4. Tage waren Bohnenblätter des Gefässes, in welchem die Schnecken aufbewahrt wurden, angefressen und im folgenden Monat zeigte die Hälfte der Schnecken neue Köpfe.
August 3.	2		6	Hinterleib.	Die Schnecken frassen schon am zweiten Tag.
	3		4	Augenträger.	Die Augenträger waren bis 4. Sept. nachgewachsen.
	4		4	Kopf.	Eine Schnecke starb sofort, die zweite bis zum 9. Aug.; die beiden andern besitzen am 2. September vollständige neue Köpfe.
„ 4.	5		4	Hinterleib.	Eine Schnecke hat bis zum 9. August vollständig regenerirt, zwei bis zum 4. September. Eine regenerirte nicht.
„ 5.	6	Helix hortensis.	4	Kopf.	Am 15. Aug. war eine todt, am 20. die zweite. Die beiden anderen Schnecken wurden in's Freie gebracht und am 1. Sept. war an der einen der Schnitt verwachsen, an der andern noch nicht; letztere zeigte am 5. Nov. zwei Tentakel und Ende März 1769 alle vier Fühler.
„ 6.	7	Helix hortensis.	4	Hinterleib.	Haben am 4. September regenerirt.
„ 10.	8	Nacktschnecken.	6	Kopf und Hinterleib.	Sämmtliche Schnecken starben in kurzer Zeit.
„ 12.	9	Helix pomatia.	2	Kopf.	Am 25. August waren an der einen die beiden vorderen Fühler regenerirt und am 10. September an der andern die beiden vorderen Fühler und der linke Augenträger; im Mai 1769 hatte die erstere Schnecke alle Tentakel regenerirt.
Oktober 1.	10	„	1	Die vier Tentakel einzeln.	Die Schnecke wurde gezeichnet und in den Garten gesetzt und zeigte am 13. Okt. 4 Fühler, die unteren länger als die oberen; am 29. Okt. besassen die Augenträger ihre normale Länge und das Auge.
Novbr. 7.	11	„	1	Kopf.	Die Schnecke vom 10. Versuch wurde geköpft und starb Anfangs Juni 1769, ohne dass der Kopf sich erneuert hätte.
Oktober 3.	12	„	1	Kopf, 2''' hinter den Augenträgern.	Der Schnitt ging durch Kopf und Fuss. Am 3. März 1769 besass die Schnecke wieder ihre kleinen Fühler und am 28. Mai waren auch die beiden Augenträger nachgewachsen.
„ 3.	13	„	1	Kopf.	Am 6 November hatte sich die Wunde geschlossen und die Schnecke lebte so noch bis Mitte Juni 1769.

[1]) *Jakob Christian Schäffer's* erstere und fernere Versuche mit Schnecken nebst einem Nachtrage. Zweite Auflage. Regensburg 1770.
[2]) Da die beiden ersten „Versuche" keine Resultate enthalten, so überging ich dieselben und zählte erst von *Schäffer's* 3. Versuche an.

Diese von so ausserordentlichen Erfolgen begleiteten Versuche haben *Spallanzani* viel mehr geschadet, als dass sie zur Bestätigung seiner Angaben beitrugen. Und das ist leicht zu begreifen, sowie man die Versuche *Schäffer*'s einer genaueren Kritik unterwirft. Unwillkürlich muss man lächeln über die Naivität, mit der er zu Werke ging und die fast auf jeder Seite uns entgegentritt. So z. B. ist bei dem ersten Versuche auf obiger Tabelle angegeben, dass in dem Glase, in welchem die geköpften Schnecken aufbewahrt wurden, am dritten oder vierten Tage die Bohnenblätter angefressen waren. Statt nun anzunehmen, dass einige Schnecken in der That nicht geköpft seien (was schon daraus hervorgeht, dass die Hälfte derselben schon im folgenden Monat wieder den vollständigen Kopf besassen), durchsucht er die Erde in dem Gefässe nach einem Thiere, welches die Blätter durchlöchert haben könnte, findet keines und frägt nun pathetisch: »Wer hat also die Blätter angefressen? Können Schnecken ohne Köpfe fressen? Die künftige Zeit mag es entscheiden!«

Andererseits gibt *Schäffer* nie an, was er eigentlich unter dem abgeschnittenen Kopf begreift; in den meisten Fällen scheint er nur die Kopfhaut mit drei oder vier Tentakeln und vielleicht noch die Lippen abgetrennt zu haben und offenbar ist er, wie die meisten andern Nachfolger *Spallanzani*'s dadurch getäuscht worden, dass die abgeschnittene Kopfhaut sich sofort nach innen zu einrollt und so einen anscheinend massiven Klumpen bildet, aus welchem unter Umständen noch die Tentakel hervorragen.

Schliesslich geht auch aus vielen seiner Abbildungen klar hervor, dass er häufig von den Schnecken getäuscht wurde, welche beim Schneiden rasch die Fühler einzogen und so nur einen Theil der Haut mit den Augenträgern (und letztere vielleicht nur theilweise) verloren. Kurz, *Schäffer*'s Versuche sind so angestellt und so beschrieben, dass in den meisten Fällen die Selbsttäuschung des Autors unzweifelhaft ist und desshalb wurde ihm nicht nur schon im vorigen Jahrhundert wenig Glauben beigemessen, sondern man schloss auch aus seinen Experimenten, dass sich *Spallanzani* wohl in ähnlicher Weise getäuscht haben möchte.

Um dieselbe Zeit ungefähr hatte ein junger schwedischer Offizier, welcher sich in Paris aufhielt, *Roos*[1]) oder *Rose* mit Namen, auch einen derartigen Versuch angestellt, indem er verschiedenen Schnecken den Kopf am Ursprunge der Fühler abschnitt; eine derselben brachte einen neuen Kopf mit vier Fühlern hervor, eine andere die beiden Augenträger und ein Theil starb. Später trennte er einigen Schnecken den Kopf an der Wurzel der Fühler ab; eine von diesen erneuerte ihren Kopf sammt den Fühlern und legte dann sieben Eier, worüber *Roos* sehr erstaunt ist, da sie bei ihm sich nicht begattet hatte. Er bedenkt nicht, dass sie das ja thun konnte, ehe er sie fing.

Roos ist in seinen Angaben zu ungenau, um näher darauf eingehen zu können; so gibt er nicht einmal die Zeit an, innerhalb welcher die Regeneration stattgefunden hat und nöthigt uns zu der Annahme, dass er den Schnecken wohl nicht mehr als besten Falles die Fühler mit der Haut abgeschnitten habe.

---

[1]) Mercure de France Dezembre 1765 pag. 200.

Auch *Lavoisier*[1]) beschäftigte sich mit solchen Versuchen und demonstrirte sie im Herbste 1768 der Akademie zu Paris. Er hatte den Kopf etwas hinter den Augenträgern abgeschnitten und erwähnt, dass nicht bei allen Schnecken der ganze Kopf entfernt worden sei, da die Thiere sich bei der Berührung mit grosser Schnelligkeit zusammenzogen. — Einige Tage nach der Operation bildet sich eine feine durchsichtige Haut über der Wunde und ungefähr nach einem Monat sind die ersten Zeichen der Regeneration wahrzunehmen in Gestalt zweier kleiner Höcker, worauf die Entwickelung langsam fortschreitet, bis nach drei Monaten und mehr der neue Kopf fertig ist. Dieser unterscheidet sich dann noch durch die helle und durchscheinende Färbung und die kürzeren und dickeren Fühler (nur $1^{1}/_{2}$ Linien lang) von dem früheren Kopfe. *Lavoisier* gibt an, dass diese kurzen Fühler weniger empfindlich seien, ich konnte aber davon nichts bemerken. Das eben besprochene Thier war am 26. Juni operirt, andere zur selben Zeit geköpfte waren noch nicht so weit entwickelt.

Gegen diese Angaben ist nichts einzuwenden, sowie man annimmt, dass nur ein Theil des Schlundkopfes mit den 4 Tentakeln und den Mundtheilen abgeschnitten war.

Ebenfalls noch im Jahre 1768 stellte *Otto Friedrich Müller*[2]) Versuche über die Reproduktion bei den Schnecken an, welche in vollem Grade glaubwürdig sind und von günstigem Erfolge begleitet waren. Er konstatirte immer durch Untersuchung, dass der abgetrennte Kopf aus den Tentakeln, den Augen, den Fühlernerven, den Mundtheilen und dem Kiefer bestand — Theile, welche sich auch wirklich regeneriren. Den ganzen Schlundkopf oder gar den Schlundring hat er nicht entfernt. *Müller*'s Angaben, die ich hier zusammengestellt habe, beziehen sich auf Helix nemoralis; von den operirten Helix poutatia starben ihm alle binnen 15 Tagen.

Nr.	Datum	Zahl.	Species	Operirte Theile	Bemerkungen
1	—	1	H. nemoralis.	Fühler in der Mitte.	Nach einem Jahre war noch keine Regeneration zu bemerken; während dieser Zeit erhielt das Thier keine Nahrung.
2	1768 9. Juli.	1	H. nemoralis.	Kopf mit einem Theil des Halses und den vordersten Theilen des Fusses.	Am 12. Juli war in der Mitte der Wunde ein gelbliches Knöpfchen wahrzunehmen. Am 16. September war der vorderste Theil des Fusses neu gebildet; am 19. Mai waren die Anfänge der beiden Augenträger wahrzunehmen noch ohne schwarzen Punkt und am 1. Juni erschienen dieselben vollkommen regenerirt ca. 3 Linien lang, mit Auge und Muskel, nur der eine etwas kürzer. Am 29. Juni war der Kopf, der neue Theil des Halses, der vorderste Theil des Fusses vorhanden, aber noch keine Spur von dem Munde, den Lippen und den kleinen Tentakeln.

---

[1]) Avant-coureur Nr. 38. September 1768, pag. 598 u. 99 und Nr. 44. Oktober, pag. 695—98.
Avant-coureur Nr. 30. Juli 1768, pag. 472—73.
Avant-coureur Nr. 47. November 1768 pag. 746.
[2]) *Otto Friedrich Müller*. Historia vermium terrestrium et fluviatilium succincta Bd. II. 1774. Vorrede pag. XXX—XXXIV. Dieselben Versuche publizirte *Müller* in den Observations sur la Physique etc. par Rozier 1778, pag. 111—118.

Nr.	Datum.	Zahl.	Species.	Operirte Theile.	Bemerkungen.
3	1768 14. Sept.	1	H. nemoralis.	Kopf.	Am 29. Mai 1769 war die Oberlippe gebildet mit der Mundspalte.
4	„	1	-	Kopf.	Am 3¹. April 1769 war noch kein Zeichen von Regeneration vorhanden; am 19. Mai erschien auf der rechten Seite eine Erhöhung mit einem schwarzen Punkt. 29. Juni war der mitentfernte Theil des Fusses, der rechte Theil der Lippe und der rechten Augenträger vorhanden, doch der letztere noch kürzer und dicker als im normalen Zustande. Die Beobachtung wurde hier abgebrochen.

Nach diesen Beobachtungen nimmt *Müller* die Regeneration verlorener Theile bei den Schnecken als unzweifelhaft an und fügt noch bei, dass er Schnecken mit sich regenerirenden Tentakeln im Walde gefunden habe, ebenso wie Eidechsen und Würmer in ähnlichen Verhältnissen, so dass die Experimente, welche audax Japeti genus ganz neuerdings anstelle, von den Thieren selbst schon seit dem Anfang der Welt ohne grossen Lärm aneinander gemacht würden. —

In dem Alles aufregenden Streite begegnet uns auch *Voltaire*[1]). „Il y a quelque temps qu'on ne parlait que des jésuites, et à présent on ne s'entretient que des escargots" beginnt er seinen ersten Brief an den Pater Elie, und erzählt die Versuche des „Père l'Escarbotier", wobei er an diese wahrscheinlich fingirten Versuche anknüpfend vorzieht, in geistreicher Weise über Thier-Seele etc. sich auszusprechen, statt die Regenerationserscheinungen bei den Schnecken eingehend zu behandeln. Ich glaube desshalb diese Versuche, bei denen sich die ganz, sowie die zum Theil abgeschnittenen Köpfe regenerirten, ruhig übergehen zu können, wie es auch *Spallanzani* that.

Aus dem Jahre 1769 liegen noch zwei Versuche von Seiten italienischer Geistlicher vor. Ich kann mich begnügen, dieselben kurz anzuführen, da die Angaben darüber ziemlich allgemein gehalten und nur durch *Spallanzani*[2]) bekannt sind.

Pater *Scarella* in Brescia wiederholte die Versuche zusammen mit einem Mediziner *Pasini*. Am 17. April schnitt er in Gegenwart vieler Professoren der Medizin 72 Schnecken die Köpfe ab. Am 10. September lebten noch 22, von welchen 8 die Köpfe mit Fühlern regenerirt hatten, die eine mehr, die andere weniger, bei 14 aber war nur die Wunde geschlossen, ohne dass Anlagen der Fühler sichtbar waren. —

Ab. *Troilo* in Modena hat ebenfalls über die Regeneration der Schnecken Versuche angestellt. 124 Helix nemoralis wurden am 5. Mai geköpft und zwar bei 68 der Kopf mit einem Theil des Halses, bei 28 gerade der Kopf und bei 28 der vordere Theil des Kopfes hinweg-

---

[1]) Les colimaçons du reverend Père l'Escarbotier etc. 1768 Oeuvres de Voltaire par Beuchot. Paris 1831 Tome XLIV (Melanges Tome VIII) pag. 349—369).

[2]) *Spallanzani*. Memoria seconda ed ultima sopra la riproduzione della Testa nelle Lumache terrestri. Memorie die Matematica e Fisica della Società Italiana. Tom. II. p. II. pag. 506 ff.

geschnitten. Am 29. Mai waren von den ersteren 49 gestorben, die übrigen schienen zu regeneriren, aber den 14. Juni war von den 68 keine mehr am Leben.

Von der zweiten Abtheilung lebten am 29. Mai noch alle und waren auf verschiedenen Stadien der Neubildung; ebenso scheint es mit den letzteren nur zur Hälfte operirten gegangen zu sein.

Diese Angaben sprechen eigentlich, obschon *Spallanzani* sie unter den ihm günstigen anführt, doch nicht gänzlich für ihn, denn von den vollkommen geköpften Thieren der Serie, bei denen wahrscheinlich der Schlundring verletzt oder gänzlich entfernt wurde, starben zwei Drittel binnen 3 Wochen und der Rest innerhalb 5 Wochen — also für die Regeneration des Kopfes ein sehr ungünstiges Resultat.

Eine gewichtige Stimme aus diesem Jahre vermag *Spallanzani* noch zu seinen Gunsten anzuführen, nämlich die von *C. Bonnet*[1]). Dieser behandelt die Regeneration bei den Schnecken allerdings ziemlich ausführlich, aber er gibt einfach eine Zusammenstellung der *Spallanzani*'schen Versuche und schliesst sich den Ausführungen desselben vollkommen an, da er Schnecken mit regenerirten Köpfen gesehen hat, — selbst jedoch hatte er zu der Zeit keine Versuche angestellt. Später dagegen stellte er solche an, die ich gleich hier besprechen will[2]).

Unter dem 30. Juli 1777 gibt *Bonnet* in Rozier's Journal einen längeren Bericht über seine Versuche, welche er wahrscheinlich an Helix nemoralis oder hortensis mittelst eines Messers anstellte; die Schwierigkeit, welche durch die Contraction des Thieres bei dem Schnitt entsteht, kannte er und suchte sie zu vermeiden, doch scheint gerade aus seinen Abbildungen z. B. Fig. 3, 4 etc. hervorzugehen, dass der Schlundkopf nicht oder wenigstens nicht gänzlich entfernt wurde. Andererseits bildet er ganz unzweifelhafte Regenerationsstadien von Tentakeln und Mundtheilen ab.

Datum.	Nr.	Species.	Zahl.	Abgeschnittene Theile.	Bemerkungen.
1777					
8. Mai.	1	wahrscheinlich Helix hortensis.	12	Kopf.	Von der ganzen Zahl der operirten Schnecken wurden nur die für die fernere Beobachtung beibehalten, denen der Kopf vom Halse vollständig abgetrennt war. 1) Am 23. Juni waren bei zwei Schnecken die Köpfe zum Theile regenerirt, bei einer aber so vollständig, dass sie von nichtverstümmelten Thieren sich nur dadurch unterschied, dass der Kopf kleiner und durchscheinender war. Die andern Schnecken regenerirten verschieden, die eine mehr, die andere weniger und nur eine ging (am 27. Juli) zu Grunde.
12. Mai.	2	wahrscheinlich Helix hortensis.	30	Kopf.	Von den 30 auf gleiche Weise wie die ersten geköpften Schnecken gingen mehr als zwei Drittel zu Grunde und die übrigen erneuerten die abgeschnittenen Theile mehr oder weniger langsam und unregelmässig.

[1]) *C. Bonnet.* La palingénésie philosophique Band I. pag. 333—341. Genf 1769.
[2]) Observations sur la physique etc. par Rozier. Tome X pag. 165—179. Paris 1777.

Die Versuche *Bonnet's* aus den Jahren 1778 und 1780 boten ebenfalls im Allgemeinen günstige Resultate. Allerdings hatte er mit Helix pomatia fast so wenig Erfolg wie *O. F. Müller*, doch blieben von 12 Stück, welche er am 24. Mai 1780 köpfte, vier am Leben und zeigten sich im Oktober die einen mehr, die andern weniger vollkommen regenerirt.[1]

Sehr auffällig sind die Experimente aus dem Jahre 1777. Bei dem ersten Versuch ein unglaublich rascher Erfolg — und bei dem zweiten ein so grosses Misslingen! *Bonnet* hat leider die abgeschnittenen Köpfe nicht untersucht und so glaube ich auch hier nicht zu irren mit der Annahme, dass bei den überlebenden und regenerirenden Thieren der Schlundring unverletzt war.

Im Jahre 1769 veröffentlichte auch noch ein Anonymus[2] (*M. . .*) Beobachtungen gegen *Valmont de Bomare*. Er schnitt im Juni 6 Schnecken den Kopf hinter den Tentakeln ab; 5 starben sogleich, eine lebte noch 4 Monate, ohne zu regeneriren. Dann erwähnt er ein Experiment aus einem derzeit noch nicht publizirten Werke „les singuliarités de la nature". Fünfzehn Nacktschnecken wurde der Kopf abgeschnitten und alle haben in längstens 6 Wochen denselben wiedererlangt, während keine Gehäuse-Schnecke den Kopf regenerirte ausser einer, welche nur den vorderen Theil verloren hatte. — Diese Versuche sind zu ungenau, um als Zeugniss für *Spallanzani* gelten zu können; eher würden die ersteren dagegen sprechen.

Der Genfer Bibliothekar *Senebier*[3] veröffentlichte in Rozier's Journal im August 1777 folgende Beobachtungen. Am 15. April schnitt er 12 Gartenschnecken die Köpfe ab. Nach drei Wochen zeigte eine der Schnecken den Kopf und die Augenträger regenerirt, die Anlage der kleinen Fühler konnte wahrgenommen werden und Mitte Juni war der Kopf wie beim normalen Thiere und die Schnecke begattete sich mit einer nicht operirten. Die andern 11 geköpften waren lange nicht soweit, befanden sich aber alle auf verschiedenen Stufen der Reproduktion und keine war zu Grunde gegangen. —

Hier ist wieder der Versuch ohne alle Kautelen angestellt, so dass eine Kritik eigentlich unmöglich und nur in Anbetracht der kurzen Zeit, welcher eine der Schnecken zur Regeneration des Kopfes bedurfte, die Annahme gestattet ist, dass in diesem, sowie in so vielen anderen Fällen der Kopf nicht abgeschnitten wurde, sondern nur zum Theil die Haut etc.

Die letzten mir bekannt gewordenen Versuche wurden im Jahre 1779 von Professor *Sanders*[4] in Karlsruhe angestellt. Er schnitt am 25. Juli jenes Jahres 19 Helix pomatia den Kopf eine Linie hinter der Wurzel der oberen Tentakel ab und sah bei einigen „etwas wie einen Darm oder Sack" aus der Wunde herauskommen. Am 16. August waren noch 10 Thiere am Leben, von denen am 16. Oktober noch keines Regeneration zeigte, während bei zwei andern am 20. Oktober und 13. November der Kopf nachgewachsen war und die Tentakeln als Knötchen sich zeigten. Am 9. Januar 1781 existirten noch vier von den Schnecken eingedeckelt und dem Anscheine nach noch lebend. —

---

[1] Die Versuche *Bonnet's* sind zusammengestellt in der Collection complete des oeuvres de *Charles Bonnet* Tome V. part. 1. Neuchatel 1781. pag. 246—80.
[2] Avant coureur Nr. 13 März 1769, pag. 198—200.
[3] Observations sur la physique etc par *M. l'Abbé Rozier*. Paris 1777
[4] Herrn Professor *H. Sanders* in Karlsruhe Nachricht von geköpften Schnecken in: Der Naturforscher. 16. Stück. Halle 1781.

Sanders beobachtete seine Schnecken nicht genügend häufig, sondern wartete ab, bis eine von selbst aus dem Gehäuse kam und war auch ungenau in der Anordnung seines Versuchs. Doch sprechen seine Angaben für das Zustandekommen einer Regeneration im Allgemeinen wie für die Lebenszähigkeit einzelner Schnecken, wie denn seine letzten vier Thiere vom Juli 1779 bis zum Januar 1781 ohne Nahrung ausgehalten hatten.

Hiermit schliessen die Versuche der Freunde *Spallanzani*'s, — hören wir jetzt die Gegner.

Aus den Reihen derer, welche *Spallanzani*'s Versuche nachahmten, entstand aber auch eine Anzahl nicht zu verachtender Gegner, die sich ziemlich scharf in drei Gruppen sondern lassen. Die einen sind prinzipiell von vornherein gegen die Regeneration des Kopfes, — die andern stellen Versuche an und leugnen die Regeneration auf Grund der erhaltenen Resultate und die dritten gehen als wirkliche Forscher parteilos an's Werk und der ruhigen Untersuchung entsprechen dann auch die Resultate. — Betrachten wir zuerst einen Gegner der ersten Sorte, den Herrn *Adanson*[1]). Derselbe zweifelte aus philosophischen Gründen an *Spallanzani*'s Angaben und um zu beweisen, dass seine Zweifel gegründet seien, schlachtete er in einem Jahre 1400—1500 Schnecken. An diesen beobachtete er bei theilweiser Abtragung von Fühlern, Lippen, Köpfen, eine baldige Regeneration; wurde aber der Fühler, die Lippe, der Kopf ganz abgeschnitten, so war auch nicht die Spur einer Neubildung wahrzunehmen. Darum ermahnt er *Spallanzani*, vorsichtiger zu sein im Erforschen der Wahrheit; denn wo er geglaubt habe, den Kopf der Schnecke abzutrennen, habe er nur die Kuppe der Schwarte hinweggenommen. Diese Versuche scheinen entschieden mit Voreingenommenheit angestellt zu sein, denn fast alle anderen Autoren gestehen die Regeneration der einzelnen Theile des Kopfes zu, auch wenn z. B. der Fühler an der Basis abgeschnitten wurde.

G. *Wartel*[2]), Kanonikus der Abtei S. Eloi-lès-Arras hat noch schlimmere Erfahrungen gemacht und stützt sich auf die bekannte Thatsache, dass Schnecken sehr lange ohne Körpertheile leben könnten, welche zum Leben des Thieres wesentlich zu sein scheinen.

Ende Oktober 1767 schnitt er mehreren Schnecken die Köpfe ab; die Thiere zogen sich in ihre Schalen zurück und zu seinem Erstaunen sah er im Mai 1768 dieselben voll Leben, aber ohne Köpfe aus dem Gehäuse hervorkommen und bewahrte sie im gleichen Zustande noch im Juli auf; viele andere Schnecken, denen er die Fühler abgeschnitten, verhielten sich ebenso. Mit diesen Gegenbeweisen in der Hand schliesst er: Wenn die Fühler und mit desto mehr Grund die Köpfe nicht wieder wüchsen, so müsse seiner Ansicht nach die angebliche Reproduktion erst noch durch leicht zu wiederholende Experimente bestätigt werden.

---

[1]) Brief von *Adanson* an *C. Bonnet* vom 30. Juli 1769. Mitgetheilt in der „Collection complete des Oeuvres de *Ch. Bonnet* T. V Part. I. pag. 258. Auch abgedruckt in *Bonnet*'s Aufsatz in *Rozier*'s Observations sur la Physique T. X 1777 pag. 173. Brief *Adansons* an *B.* vom 10. Jan. 1778. Coll. compl. T. V. part. I. p. 267.

[2]) Mercure de France 1768 Juli. L'avant-coureur 1768 Juli Nr. 25 pag. 421.

Schroeter[1]) hatte ähnliche Resultate. Sämmtliche geköpfte Schnecken starben ihm und nicht einmal abgeschnittene Fühler oder Schwänze wurden erneuert, so dass er sich für berechtigt hielt, die Regeneration des Kopfes, sowie die der Fühler etc. überhaupt zu leugnen.

Es ist unklar, wie diese ganz negativen Resultate zu Stande kamen; denn von allen andern Autoren wird die Regeneration der Fühler ruhig zugestanden, und man möchte fast annehmen, dass obige Forscher etwas zu sehr voreingenommen gewesen seien, oder sämmtlich zu ganz ungünstiger Zeit operirt hätten.

Gleichfalls ungünstig in Bezug auf die Regeneration des Kopfes waren die Versuche von *Valmont de Bomare*[2]) und *Cotte*[3]). Ersterer hatte zu Chantilly im Herbste 1768 zusammen mit dem Apotheker *Borie* 52 Schnecken den Kopf abgeschnitten und die Thiere, bei welchen der Schnitt rasch geführt wurde, starben.

Nur 9 Stück lebten noch nach 24 Stunden und zwar gerade die, bei welchen der Schnitt langsam und mit einem stumpfen Messer geführt wurde; bei diesen sah man aber auch, wie sie sich zusammenzogen, so dass nur die Haut und der Oberkiefer (Mundtheile?) abgetrennt wurden. Eine Regeneration der Theile nahm *Bomare* nicht wahr, doch beobachtete er diese Schnecken auch nur kurze Zeit.

Die Beobachtungen *Valmont de Bomare's* sind richtig, aber die Schlüsse, welche daraus zu Ungunsten der Regeneration gezogen wurden, waren falsch. Denn 10 bis 12 Tage oder auch ein Monat genügen nicht zur Regeneration grösserer abgeschnittener Theile des Kopfes und *Valmont de Bomare* kann somit nicht als Zeuge gegen die Regeneration überhaupt gelten, als welchen ihn die Gegner *Spallanzani's* gerne anführen.

Einer der bedeutendsten Gegner *Spallanzani's* war *Cotte*, Priester in Montmorenci. Dieser schreibt unter dem 22. September 1769 über die *Spallanzani'schen* Versuche, bespricht zunächst die Angaben von *Wartel* und *Roos* und eingehender die Experimente von *Lavoisier*. Darauf erwähnt *Cotte Valmont de Bomare's* ungünstige Resultate und fährt fort: alle Naturforscher, die sich mit diesen Experimenten beschäftigt hätten, gäben zu, dass ein grosser Theil der Enthaupteten stürbe. Und zwar seien von vielleicht tausend operirten Schnecken nur 5—6 bekannt geworden, welche den Kopf erneuert hätten. Diese kleine Anzahl verdankte wohl ihr Leben einem schlechten Instrument, während die sehr gut operirten gestorben wären.

Dass die Fühler von *Lavoisier's* Schnecke kürzer und dicker gewesen, sucht er aus der Langsamkeit zu erklären, mit welcher sich das Thier zusammengezogen habe und welche dem Operateur Zeit liess, die Fühler in der Mitte zu durchschneiden, und die grössere Dicke rühre davon her, dass die zur Ernährung dieser Theile bestimmten Säfte, dort an der Schnittstelle aufgehalten, diese Organe zwängen, sich auszudehnen.

---

[1] *Schroeter*. Versuch einer systematischen Abhandlung über Erdconchylien. Berlin 1771.
[2] L'avant-coureur. Paris 1769 Nr. 9, Februar, pag. 135—136. - Journal de Berne 1769. 4. Febr. (nach *Spallanzani*). — Dictionnaire d'Histoire 1776, article „Limaçon".
[3] Journal des sçavans, Juin 1770, pag. 357—364.

Die allmälige Entwickelung der scheinbar neuen Theile und das späte Erscheinen der kurzen Tentakel gibt Cotte der immerhin bedeutenden Verletzung schuld, welche das Thier durch den Verlust der Kopfhaut erfahren habe. „Die Tentakel, wenn auch nur an der Spitze verletzt, werden sehr häufig für längere Zeit vollständig eingezogen in Folge des Schmerzes, den das Ausstrecken verursacht. Aehnlich ist es bei der Verletzung des Mundes; da sich bei den oben angeführten Autoren nicht einmal die Fühler zu regeneriren scheinen, so ist die Regeneration des Kopfes ganz unglaublich. Und *Roos* wird bei seiner Schnecke eben nur den Mund und die Kopfhaut verletzt haben. Sehr eigenthümlich bleibt immer, dass wirklich geköpfte Schnecken nach *Wartel* noch ganze Jahre lebten." Cotte selbst erhielt eine geköpfte Schnecke ein ganzes Jahr lebend und eine zweite, der er nur den untersten Theil des Fusses abschnitt, lebte, ohne zu fressen und ohne zu regeneriren, ebenso lange. Eine andere der Fühler beraubte regenerirte ebenfalls nicht. Das kürzere oder längere Leben der der wesentlichsten Theile beraubten Schnecken hängt von der Zeit ab, zu welcher man die Operation gemacht hat. Operirt man im Frühjahr, d. i. zu Anfang des Sommers, so sterben die Thiere rasch, denn zu dieser Zeit ist das Bedürfniss nach Nahrung am grössten, da sie 4—5 Monate gehungert haben. Dagegen leben im Herbst operirte Schnecken den Winter und oft noch den Frühling hindurch. Diese Angaben stützen sich auf folgende Experimente:

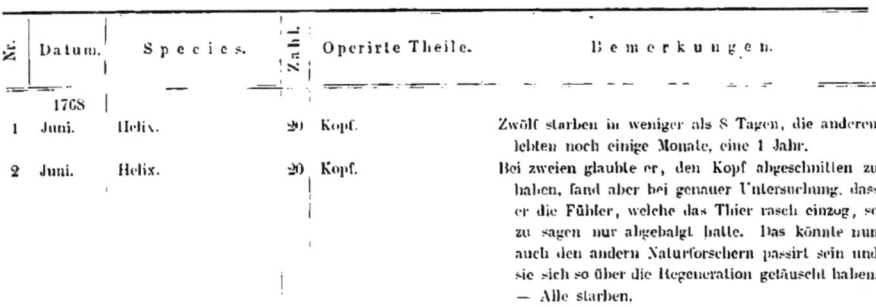

Nr.	Datum.	Species.	Zahl.	Operirte Theile.	Bemerkungen.
1	1768 Juni.	Helix.	20	Kopf.	Zwölf starben in weniger als 8 Tagen, die anderen lebten noch einige Monate, eine 1 Jahr.
2	Juni.	Helix.	20	Kopf.	Bei zweien glaubte er, den Kopf abgeschnitten zu haben, fand aber bei genauer Untersuchung, dass er die Fühler, welche das Thier rasch einzog, so zu sagen nur abgebalgt hatte. Das könnte nun auch den andern Naturforschern passirt sein und sie sich so über die Regeneration getäuscht haben. — Alle starben.

Aus seinen und *Bonnare's* Versuchen zieht Cotte dann den Schluss, dass man zum wenigsten sein Urtheil über diese Schneckenangelegenheit zurückhalten müsse; viel mehr Experimente seien nöthig und der Forscher sei ja für seine Mühe belohnt, wenn er auch beweise, dass die Reproduktion, die er constatiren wolle, nicht existire. Cotte lässt also wenigstens noch Discussion zu über dieses Thema, während seine Vorgänger einfach die Regeneration negirten. Gegen Cotte's Versuche lässt sich nichts einwenden; dagegen ist die Art und Weise, wie er den *Lavoisier*'schen Versuch erklären will, ungeschickt, indem die viel einfachere Erklärung die ist, dass die mit der Haut abgeschnittenen Fühler sich regenerirten.

Bemerkenswerth ist ausserdem, dass Cotte zuerst sich zu diesen Operationen einer scharfen Scheere bedient, was, wie er selbst meint, „une circonstance facheuse pour ces animaux" ist, denn ganz sicher verdankte ein sehr grosser Prozentsatz der glücklich regenerirenden Schnecken sein Leben der Operation mit dem Messer, welches nicht so schnell durchschneidet, wie die von zwei Seiten zugleich wirkende Scheere, und dann auch sehr gern abgleitet, wenn es auf den Schlundkopf trifft, den die Schnecke bei der Berührung sofort zurückzieht.

Im Januar 1774 publizirte Cotte [1]) noch eine Notiz über seine Versuche. Nach kurzer Zusammenfassung der im Journal des Sçavans I. Juin pag. 357 niedergelegten Resultate geht er zu seinen 1770, 1771/72 und 1773 gemachten Experimenten über. Während dieser Jahre enthauptete er viele Schnecken mit einem scharfen Messer auf einen Hieb — nicht schneidend. Fast alle starben einige Zeit nach der Operation, eine im März 1773 operirte lebte noch ein Jahr, jedoch ohne Zeichen von Regeneration, nur war die Wunde vernarbt. Eine andere Schnecke, der Cotte am 12. April 1772 die Fühler abschnitt, lebte noch einige Monate, ohne zu fressen und ohne zu regeneriren. Er nahm dann im März 1773 eine Schnecke mit Winterdeckel, bedeckte sie mit einer Glasglocke und liess sie nach ihrem Erwachen ohne Nahrung darunter. Die Schnecke lebte bis zum März 1774 und starb fast zur selben Zeit wie die oben erwähnte 1773 operirte Schnecke.

Mit diesem Controlversuch will Cotte wohl die Unmöglichkeit einer Regeneration des Kopfes binnen Jahresfrist zeigen, da das Thier inzwischen verhungern würde.

Die unbefangensten Versuche sind die von Murray [2]). In der citirten kleinen Schrift gibt er zuerst eine Aufzählung von bei verschiedenen Thieren beobachteten Reproduktionen, um dann auf die Versuche von Spallanzani überzugehen. Zunächst wahrt er in Bezug auf die Neubildung der Fühler die Priorität Linné's, welcher schon zwanzig Jahre früher gelegentlich bemerkt habe: „cochleas resumere tentacula post resectionem [3]), dann erwähnt er kurz die pro et contra veröffentlichten Versuche, versucht, den in diesen Angaben herrschenden Widerspruch zu erklären mit Hinweis auf die verschiedene Art und Weise der Operation, den Gebrauch des Messers und den Einfluss der Jahreszeit und des Alters und geht zu seinen eigenen Experimenten über, bei denen er sich zur Enthauptung des Messers und zur Entfernung der Tentakeln der Scheere bediente. Der Uebersicht halber stelle ich diese Versuche hier auf der Tabelle zusammen.

Datum.	Species.	Zahl.	Operirte Theile.	Bemerkungen.
15. Sept.	Limax agrestis. Limax cinctus. 16.	4 1	Kopfam vorderen Rande des Rückenschildes mit der Fusssohle.	Bei einigen war die Schnittfläche gleichmässig, bei andern traten Eingeweidetheile, bei einem ein weisser Kanal mit zwei schwarzen Höckerchen heraus. — Am andern Tage lebten nur noch zwei Limax agrestis, von denen der eine am 4., der andere am 7. Tage seit Beginn des Versuches starb.

[1]) Observations sur la physique etc. par M. l'Abbé Rozier. Paris III. 1775 pag. 368—69 (Janvier 1774).
[2]) Jo. Andreas Murray. De redintegratione partium cochleis limacibusque praecisarum disserens. Göttingae 1776.
[3]) Wie ich oben gezeigt habe, findet sich dieser Ausspruch nicht bei Linné, sondern bei Dubois.

Datum.	Species.	Zahl.	Operirte Theile.	Bemerkungen.
20. Sept.	Helix pomatia.	2	Kopf hinter den Augenträgern mit der Fusssohle.	Beide ziehen sich in das Gehäuse zurück; die eine lässt zuerst den verwundeten Theil heraushängen, nach acht Tagen zeigt sich bei dieser die Wunde geschlossen und fast in der Mitte eine kleine tentakelförmige Erhebung, und am 27. XI. waren darüber zwei kleine schwärzliche Hervorragungen sichtbar. Bald nachher starb das Thier. Die andere war schon am 7. Tage todt
14. Okt.	Helix nemoralis.	10	Einigen der Kopf mit den 4 Tentakeln, anderen der vordere Theil des Kopfes mit den beiden Fühlern, der halbe Kopf mit sämmtlichen Fühlern, verschiedene einzelne Fühler.	Die Tentakel der abgeschnittenen Köpfe blieben 6 und 15 Minuten lang reizbar. — Nach 6 Wochen zeigten sich bei einer Schnecke welcher die beiden Augenträger zusammen abgeschnitten waren, dieselben gewachsen, aber ohne den Knopf und das Auge. Bei den geköpften ist in der Mitte ein hervorragender Kanal zu sehen; bei einer von diesen fanden sich nach 6 Wochen zwei längliche Körper wie Rudimente von Tentakeln, aber unempfindlich. Zu dieser Zeit lebten zweifellos noch 8, gingen aber verloren.

Aus obigen Resultaten zieht *Murray* nun den Schluss, dass bei diesen Thieren zwar verlorene Körpertheile sich wieder erneuern, aber nicht so vollständig, als sie vorher waren, es müsste denn noch längere Zeit dazu nöthig sein, worüber er selbst nicht urtheilen könne, und es scheint ihm schwer glaublich, dass alle Organe in ihrer früheren Beschaffenheit, Vollkommenheit und Funktion nachwüchsen. Weniger wunderbar wäre das, wenn bei der Beweglichkeit des Schlundrings dieser ganz oder zum Theil unverletzt blieb.

Murray's Versuche sprechen durchaus nicht gegen das Zustandekommen einer vollständigen Regeneration. Dass die 5 Limax einen so kolossalen Verlust nicht überleben konnten, ist klar und von den übrigen Schnecken zeigten fast alle geköpften nach 6 Wochen noch Leben und beginnende Regeneration — als sie zufällig weggeworfen wurden. Die Erneuerung der Tentakel bestätigt *Murray* direkt. Nehmen wir noch hinzu, dass nach *Spallanzani* bis zur völligen Regeneration im besten Falle bei günstiger warmer Witterung ca. 6 Wochen, beziehungsweise 3 Monate nöthig sind, und *Murray's* wenige Versuche Mitte Oktober in Göttingen gemacht wurden, wo während Oktober und November die Temperatur gewiss nicht andauernd mindestens $+13^\circ$ R. beträgt, so müssen wir bekennen, dass seine Resultate weit mehr für *Spallanzani* sprechen, als gegen denselben, wie letzterer es auffasste.

Nach *Murray* soll *Argenville*[1]) in Versuchen über die Regeneration bei Schnecken sehr ungünstige Resultate gehabt haben. „Maxime vero ab affirmantium parte recedit *Argenville* ex centenis 25 modo in diem posterum vixisse referens". (*Murray*.)

---

[1]) l'Histoire naturelle éclaircie dans une des ses parties principales, la conchiliologie etc. augmenté de 'a zoomorphose Paris 1777. Zoomorphose pag. 79—80.

Argenville's „L'histoire naturelle" erschien schon im Jahre 1757, als noch Niemand sich mit solchen Versuchen beschäftigte und an der citirten Stelle ist von Regeneration auch nicht die Rede. *Murray* weder noch *Spallanzani* bekamen das Buch zu Gesicht und ich vermuthe, dass *D'Argenville* nur durch ein Versehen der Autoren in diesen Streit gezogen wurde. Denn am angeführten Orte erzählt er, dass er ungefähr hundert Stück Clausilia und Pupa gesammelt und zu einigen Früchten auf einen Bogen Papier gelegt habe und fährt fort: „J'en trouvai les trois quarts morts le lendemain matin, après s'être vuidés d'un peu de terre tortillée". Diese Stelle scheint den Irrthum veranlasst zu haben, als ob es sich um verstümmelte Schnecken handle. Ob sich *D'Argenville* später mit Regenerations-Versuchen beschäftigte, ist nicht bekannt und auf jeden Fall tritt er in seiner Zoomorphose nicht als Gegner *Spallanzani's* auf, wie die obengenannten Autoren annehmen.

Ungefähr in diesen Jahren hatte auch *Abildgaard*[1]) einige Versuche mit Gartenschnecken mit verschiedenem Erfolge angestellt, und kam zu dem Schluss, dass die Erneuerung des sog. „Kopfes" um nichts merkwürdiger sei, als die Reproduktion von Krebsbeinen und Eidechsenschwänzen. Denn was *Bonnet*, *Spallanzani* und Andere für den Kopf ansahen, verdiene diesen Namen nicht, da das Centralnervensystem nicht in ihm, sondern hinter ihm auf der Speiseröhre liege, so dass es bei dem Schnitte unverletzt bliebe.

Zu ganz ähnlichen Resultaten gelangte Doctor *Presciani*[2]) aus Arezzo. Dieser hat im Jahre 1777 nach der Art *Murray's* Versuche angestellt und kommt zu dem Schlusse, dass die Schnecken, deren Schlundring verletzt wurde, früher oder später starben, je nach der Grösse der Verletzung; dass dagegen diejenigen, welchen Fühler, Lippen, Kiefer, Gaumen (Schlundkopf?) und die Zunge ohne Berührung des Schlundrings abgeschnitten wurden, leben blieben, so lange sie das Fasten aushalten konnten und dass diejenigen, welche nur die Tentakel mit der Kopfhaut und den Lippen verloren, vollkommen regenerirten. —

- -

Wie auf diese Weise *Spallanzani's* Nachahmer nicht nur günstige, sondern auch ungünstige Resultate erhielten und sich darüber ein ziemlich lebhafter Streit entspann, hielt es dieser an der Zeit, den kurzen Mittheilungen in dem „Prodromo" eine ausführliche Schilderung seiner Versuche folgen zu lassen und publizirte im Jahre 1782 seine Resultate aus den Versuchen über die Reproduktion des Kopfes bei den Schnecken[3]).

Er erzählt, wie er durch die Beobachtung, dass die Würmer am besten reproduzirten, wenn sie gegen die freie Luft geschützt in der Erde oder dem Miste verborgen wären und dass

---

[1]) P. C. *Abildgaard*. Bemerkungen über den *Bonnet'*schen Versuch, dass die abgeschnittenen Köpfe der Schnecken wieder hervorwachsen. Nordisches Archiv für Natur- und Arzneiwissenschaft. Bd. I. Stück 3. Kopenhagen 1799. pag. 566.

[2]) Giornale di Pisa Bd. XXXII. 1778.

[3]) *Spallanzani*. Risultati di esperienze sopra la Riproduzione della Testa nelle Lumache terrestri. Memorie di Matematica e Fisica della società Italiana. Tomo I. 1782.

die eingedeckelte Schnecke ebenfalls dem Einfluss der Luft entzogen wäre, darauf kam, zu untersuchen, ob nicht die Schnecken in ähnlicher Weise regenerirten. Er begann mit den Tentakeln, welche er einen nach dem andern abschnitt, wobei ihm auffiel, dass im Gegensatz zu vielen andern Thieren hier die abgeschnittenen Theile fast augenblicklich bewegungslos sind[1]). Untersucht man die so verstümmelten Schnecken nach 20 oder 25 Tagen, so kann man nicht selten den Anfang der Erneuerung der Fühler wahrnehmen. Doch ist diese Reproduktion sehr verschieden von den bei anderen Thieren beobachteten, einer der vielen Fälle, welche uns Misstrauen gegen die aus der Analogie gezogenen Schlüsse einflössen. Während bei Krebsen[2]), Land- und Süsswasser-Würmern[3]), Froschlarven, Tritonen und auch ähnlich bei Seesternen in der Mitte des Stumpfes ein kleiner Kegel entsteht, dessen Basis entschieden viel kleiner ist als die des Stumpfes, bildet sich bei den Schnecken der Stumpf selbst in ein rundes bläuliches Knöpfchen um; dieses wächst und auf seiner Spitze zeigt sich, falls es ein Augenträger war, ein schwarzer Punkt, das Auge, dann verlängert sich der regenerirte Theil und nach einer gewissen Zeit wird er dem unversehrten Fühler gleich.

Bisweilen aber kommt es vor, dass der Stumpf, statt sich abzurunden, sich zuspitzt und verlängert, das übrige geht dann in derselben Weise vor sich.

Um diese Reproduktion zu erlangen, ist eine Wärme von mindestens 13 Grad R. nöthig und im Sommer erneuern sich desshalb die Fühler viel rascher.

Zur vollständigen Reproduktion fand *Spallanzani* ungefähr 2 Monate nöthig, einigemal konnte er, obwohl er die Schnecken Jahre hindurch aufbewahrte, keine Reproduktion erlangen.

Wenn mit dem Kopf noch andere Theile des Körpers abgetrennt wurden, ging das Thier sicher zu Grunde und die Grenze für das Abtrennen zeigte sich dicht hinter den Augenträgern; diese Operation glückte bei Helix pomatia, nemoralis, lucorum.

Zunächst nahm er den vordern Theil des Kopfes, enthaltend die Lippen, den Kiefer, die Zunge und die beiden kleinen Fühler hinweg. Da es aber sehr schwierig ist, den Schnitt so zu führen, dass man immer die gewünschten Theile erhält, untersuchte *Spallanzani* sofort nach der Operation den abgetrennten Theil, separirte die Schnecken in kleinen Gefässen und gab ihnen Nummern übereinstimmend mit denen, unter welchen in seinem Journal die Beschreibung der abgetrennten Theile aufgeführt war.

Sofort nach der Amputation zieht sich die Schnecke unter starker Schaum-Absonderung in die Schale zurück, kommt aber nach einiger Zeit wieder hervor, sehr häufig jedoch thut sie das Gegentheil. Die Schnecken deckeln sich dann ein und bleiben so mehrere Wochen oder Monate lang.

Zwingt man sie, nach 30 oder 40 Tagen herauszukommen, so zeigen manche einen nackten Stumpf ohne eine Spur von Neubildung, andere dagegen lassen, falls die Jahreszeit wärmer war,

---

[1]) Sehr auffällig ist die Erscheinung, dass, wie *Flemming* angibt und ich sehr oft gesehen habe, der an der Basis abgeschnittene und in verdünnte Chromsäure-Lösung geworfene Tentakel sich bewegt, krümmt und in sehr vielen Fällen in einigen Minuten bis zu seiner gewöhnlichen Länge vollständig ausstülpt und seine natürliche Prallheit erlangt.
[2]) Nach *Réaumur*.
[3]) Nach *Bonnet*.

in der Mitte des Stumpfes ein zartes Kügelchen sehen, ohne Gliederung. Nach weiteren 8—10 Tagen ist die Erhebung sehr gewachsen und man erblickt Spuren der Lippen, der kleinen Fühler, des Mundes und der Zunge, sowie ein häutiges Körperchen von dunkler Farbe am Oberkiefer anhaftend und ausgezackt — der sich regenerirende Kiefer. Die Theile wachsen und längstens nach 3 Monaten unterscheiden sich die neuen Theile nur noch durch die zarte Farbe von dem früheren Kopf. Nicht immer ist der Vorgang ein so regelmässiger.

Manchmal sprossen aus dem Stumpf zwei ganz kleine rundliche Erhebungen, welche in einem Falle die Anlagen der beiden kleinen Fühler sind, in einem andern Fall umfasst die eine mehr die Anlagen der Lippen, des Mundes, des Kiefers, der Zunge, die beiden Erhebungen verschmelzen im Laufe der Zeit und nehmen allmälig die Gestalt des abgeschnittenen Theiles an. Nicht selten kommt es vor, dass der eine Fühler nicht die natürliche Länge erreicht oder gekrümmt ist; es kann die eine Lippe etwas kleiner sein, als die andere, oder auch der ganze neue Kopftheil nach einer Seite gebogen; zwischen dem alten und dem regenerirten Theile bleibt eine Furche, oder man kann selbst noch nach 6 Monaten, ja nach einem Jahre den nackten Stump sehen, obgleich die Schnecke ihr Haus verlässt.

So oft *Spallanzani* den Schnitt senkrecht zur Längsachse machte, erfolgte die Regeneration vortrefflich und die Missbildungen traten auf, wenn er schief geschnitten oder den Kopf nicht auf einen Schlag abgetrennt hatte.

Die Zahl der halbgeköpften Schnecken betrug 322, davon regenerirten vollkommen 126, mehr oder weniger monströs erschienen 31, gar nicht reproduzirten 14, die übrigen 151 gingen zu Grunde.

Bei den Versuchen über die Wiedererzeugung des ganzen Kopfes wurden 423 Schnecken enthauptet. Alle, welchen ausser dem Kopfe noch Theile des Halses abgeschnitten waren, gingen zu Grunde. Auch von denen, welchen der Kopf allein oder noch etwas weniger genommen war, starben sehr viele, die Mehrzahl überlebte aber die Operation und ziemlich viele erneuerten den Kopf.

Auch hier unterscheidet sich die Art der Regeneration von der anderer Thiere. Das dem Triton nachwachsende Bein ist von Anfang an ein Bein ähnlich dem abgeschnittenen, dem nur noch die weitere Entwicklung zur natürlichen Grösse fehlt. Ebenso verhält es sich mit dem Kopf oder Schwanz eines Wurmes.[1]) Anders bei den Schnecken. Hier entsteht nicht zunächst ein vollständiges Ganzes, welches alle Theile enthält, die den Kopf der Schnecke zusammensetzen, sondern diese Organe sprossen getrennt von einander, das eine früher, das andere später hervor, vereinigen sich erst nach einer gewissen Zeit und bilden dann ein Gesammtorgan, welches dem früheren Kopfe mehr oder weniger ähnlich ist. Anfangs können noch ein oder mehrere Fühler fehlen, in glücklichen Fällen aber geht die Reproduktion bis zu der Ausbildung sämmtlicher Theile in natürlicher Grösse und Farbe und der neue Theil ist vom alten nur durch eine aschfarbige Grenzlinie zu unterscheiden, der Schnittfläche entsprechend. Andererseits kann selbst nach zwei Jahren die

---

[1]) Dass diese Ansicht *Spallanzani's* nicht vollkommen richtig ist, bedarf wohl kaum der Erwähnung.

Regeneration noch keine vollständige sein, ein oder der andere Fühler fehlt oder ist auf mannigfache Weise verunstaltet.

Von den 423 enthaupteten Schnecken zeigten 32 nach einem Jahr noch nicht die kleinste Spur von Regeneration, 93 hatten vollkommen regenerirt, 145 zeigten Monstrositäten, die übrigen 153 starben. Die Erneuerung des ganzen Kopfes bedurfte ungefähr ebenso viele Zeit wie die des halben. In Bezug auf den Umstand, dass die einen Schnecken regeneriren, die andern aber nicht, meint *Spallanzani*, es sei nur anzunehmen, dass manche die Fähigkeit der Reproduktion besässen, andere aber nicht. — Wie er in seiner späteren Publikation bemerkt, nahm er zuerst im Frühjahr 1766 die Regeneration des Kopfes wahr. Auch Theile des Mantels und des Fusses regenerirten sich nach seiner Angabe.

Diese Versuche *Spallanzani's* übertreffen an Klarheit und Objektivität die der meisten Anhänger oder Gegner, aber so schlagend, wie er und seine Anhänger annahmen, scheinen sie mir nicht zu sein. Denn von den Schnecken, welchen nur ein Theil des Kopfes abgeschnitten war, ging fast die Hälfte zu Grunde und ein kleiner Bruchtheil blieb leben, ohne zu regeneriren, während die übrigen die abgeschnittenen Theile mehr oder weniger vollständig erneuerten. Von den ganz geköpften Thieren starb allerdings nur ein Drittheil, aber kaum ein Fünftel regenerirte vollständig, so dass nach diesen Versuchen das Regeneriren der seltenere Fall ist und gewöhnlich das Thier zu Grunde geht. Dadurch gewinnt aber die generische Ansicht, dass eine Reproduktion nur erfolge, wenn nicht der ganze Kopf hinweggeschnitten sei, sehr an Wahrscheinlichkeit.

Bald darauf, im Jahre 1784 veröffentlichte *Spallanzani*[1]) eine umfassende Zusammenstellung der ihm bekannt gewordenen Versuche gegen und für ihn und publizirte bei dieser Gelegenheit noch drei neue Versuche von *Pratolongo*[2]), *Girardi*[3]) und *Caldani*[4]).

Der erstere schnitt am 10. Juli 1780 zwölf Helix pomatia die Köpfe ab. Er untersuchte die Abschnitte und fand, dass sie aus den 4 Fühlern, dem Mund und den Kiefern bestanden. Am 28. August kamen sämmtliche Thiere aus ihren Häusern, aber auf sehr verschiedenen Stadien der Regeneration, einige zeigten kaum den Anfang derselben, bei anderen waren die Köpfe vollkommen neu gebildet, so dass sie das Papier, mit welchem das Glas verschlossen war, durchnagt hatten. Im Februar 1782 schnitt er wieder 12 Helix pomatia die Köpfe ab, etwas weiter hinter den Augenträgern, als bei dem ersten Dutzend, und zwar bei der einen Hälfte senkrecht, bei der andern schief, so dass manchen der eine Augenträger verblieb. Nach einem Monat waren 5 todt, die übrigen eingedeckelt. Anfangs Juli warfen 6 den Deckel ab und zeigten wieder verschiedene Stadien der Regeneration. Von den vertikal geköpften lebten nur noch 2, die eine kaum, die andere vollständig regenerirt. Diejenigen, bei welchen der Schnitt schief gelegt war, hatten zwar regenerirt, aber es waren noch keine Theile des Kopfes zu unterscheiden.

---

[1]) *Spallanzani*. Memoria seconda ed ultima sopra la riproduzione della Testa nelle Lumache terrestri. — Memorie die Matematica e Fisica della Società Italiana. Tomo II p. II 1784 pag. 506—602.
[2]) Memoria seconda etc. pag. 534—39.
[3]) Memoria seconda etc. pag. 539—57.
[4]) Memoria seconda etc. pag. 530—34.

Dann schnitt er im Winter einer grossen Anzahl Schnecken die Köpfe in beliebiger Richtung, aber vor den Augenträgern ab — von diesen starben wenige, aber die lebenden regenerirten so gut wie gar nicht, so dass in dieser Jahreszeit die Reproduktionskraft kaum thätig erscheint.

Bei *Protolongo* sieht man deutlich, was zu dem Begriff des „Kopfes" der Schnecke genügte: die Haut mit den Tentakeln, dem Mund und dem Kiefer. Bei seinen ersten Operationen blieb also der bei weitem grössere Theil des Schlundkopfes und die ihm anliegenden Organe unversehrt, die Schnecken konnten am Leben bleiben und regenerirten.

Bei den zweiten Operationen starben fast alle Thiere, bei welchen er den Schnitt hinter den Tentakeln geführt hatte — denn in diesem Falle hatte er den Schlundkopf und wahrscheinlich auch die Ganglien mit hinweggenommen.

Girardi, Professor der Naturgeschichte in Pavia, gibt zuerst eine eingehende Anatomie des Kopfes der Schnecken und zählt dann seine Versuche auf, die er an Helix pomatia, Lusitanica, Itala, zonaria, arbustorum, nemoralis, lucorum machte. Am 1. Mai 1782 schnitt er A. 24 Schnecken aus Reggio die Augenträger ab; B. 24 die Tentakel; C. 24 die Schwanzspitze; D. 24 den Kopf und E. 24 aus dem Seitenrande des Fusses ein Stück von ca. 2 Linien Breite und ca. 10 Linien Länge und am nämlichen Tage machte er dieselben Operationen an ebensoviel Schnecken aus Parma. Der Schnitt bei den Enthauptungen wurde ca. 1,5 Linien hinter den Augenträgern geführt.

Nach ungefähr einem Monat zeigten die unter A und B rubrizirten Schnecken kleine Knöpfe auf den Tentakeln, welche wuchsen und in denen dann das Auge auftrat;

Früher noch als die Tentakel regenerirten sich die Schwanzspitze und der Fuss (C und E). Bei den geköpften Schnecken zeigte sich meist nach einem Monat auf der Schnittfläche eine kleine kugelige Hervorragung; die Regeneration schreitet voran und nach 2, 3, auch 4 Monaten ist der Kopf erneut. — Nicht alle Species verhielten sich darin gleich und günstige Resultate erhielt *Girardi* nur von Helix pomatia, Itala, zonaria, nemoralis, lucorum. Von über 300 enthaupteten Schnecken aus diesen Species reproduzirte ein Theil gar nicht, ein anderer unregelmässig, ein Theil vollkommen. Es starben meist nur solche Schnecken, welche zu weit hinter den Augenträgern operirt waren.

Am 11. Mai 1783 schnitt er einigen Schnecken die Köpfe 4 Linien hinter den Augenträgern ab und fand in dem abgeschnittenen Theil die Speicheldrüsengänge, die Nerven alle zusammen auf dem Schlundkopf, das Gehirn und einen Theil der Geschlechtsorgane. Anfang Januar 1784 nöthigte er eine von diesen „Unglücklichen", wie er sie nennt, sich aus der Schale hervorzustrecken, und fand zu seinem grossen Erstaunen Anlagen der beiden Augenträger, sowie Lippen und Mund neu gebildet. —

Girardi's Angaben sind etwas sehr summarisch und namentlich gibt er nicht näher an, wie viele von den 300 geköpften Schnecken reproduzirten. Die zweite Notiz von den am 11. Mai 1784 enthaupteten Thieren ist so wunderbar, dass ich hier entschieden an einen Irrthum oder eine Verwechslung glauben muss.

Culdani schnitt im Juli 1783 siebzehn Schnecken den Kopf hinter den Augenträgern mit einem Rasirmesser ab; von diesen blieben nur 4 Stück bis zum Dezember desselben Jahres leben.

mehrere der gestorbenen hatten aber schon mit der Regeneration begonnen und man konnte die Augen auf den Fühlern, sowie den pigmentirten Muskel in denselben wahrnehmen.

Hier sind die Angaben wieder so allgemein, dass eine Kritik des Versuches kaum möglich ist.

Im zweiten Theile der „memoria seconda" vertheidigt sich *Spallanzani* gegen die Einwürfe seiner Gegner, hält ihnen die verschiedenen Versuche vor, bei denen die Regeneration des Kopfes erfolgte und sucht die Einwände zu widerlegen.

In der Schlussbetrachtung führt er aus, wie an dem Unglauben, welchen seine Angaben über die Regeneration des Kopfes bei den Schnecken stellenweise fänden, hauptsächlich die unrichtige Beziehung auf andere Thiere, z. B. Wirbelthiere und Insekten schuld sei. Weil letztere stürben, nachdem man ihnen den Kopf abgeschnitten habe, müsste es nach Ansicht seiner Gegner bei den Schnecken gerade so sein — ein solcher Schluss aber sei nicht wissenschaftlich. Der wahre Naturforscher müsse wissen, wie trügerisch solche Analogieschlüsse häufig seien. Und wie geradezu unphilosophisch handelten Leute, wie *Bomare* und *Adanson*, welche der neuen Erscheinung aus philosophischen Gründen von vorneherein Unglauben entgegenbrächten, ohne sie unbefangen zu prüfen. Gerade in dieser Voreingenommenheit liege der Grund des Misslingens so vieler Experimente, in dem Mangel an Eifer, an Interesse für einen günstigen Ausgang sind die Fehlerquellen zu suchen. —

Ich selbst bin in dem Urtheil über viele Fälle zu einem gleichen oder ähnlichen Schlusse gekommen und kann diesem Punkte der *Spallanzani*'schen Kritik nichts beifügen, als das Bedauern, dass er mir sie derart vorweggenommen hat.

So gut aber auch *Spallanzani* sich zu vertheidigen suchte, seine Gegner behielten die Oberhand und der Glaube an die Regeneration des Kopfes fand keine Vertheidiger mehr; man hielt die Sache für erledigt und nach dem Jahre 1784 scheinen keine Experimente mehr angestellt worden zu sein. Die letzte ausführlichere Notiz finde ich bei *Schweigger*[1]) und nach ihr hat sich *Spallanzani* in Bezug auf die Regeneration des Kopfes doch getäuscht. Denn *Schweigger* sagt: „Leicht ersetzen sich verloren gegangene Stücke der Schaale; Fühlfäden und Mund bilden sich wieder. *Spallanzani* behauptete sogar, dass der ganze Kopf sich regenerire. Die Beobachtung wurde aber vor einiger Zeit dadurch widerlegt, dass man Exemplare solcher Schnecken, die *Spallanzani* in Weingeist aufbewahrt hatte, anatomirte und fand, dass durch den Schnitt, den er führte, das Gehirn nicht abgetrennt war, also auch nicht der Kopf, sondern das Gesicht der Schnecke. Präparate solcher Schnecken sah ich im Museum zu Pavia und das unverletzte Gehirn war deutlich zu erkennen."

---

[1]) *Aug. Friedrich Schweigger.* Handbuch der Naturgeschichte der skelettlosen ungegliederten Thiere. Leipzig 1820, pag. 685.

Ich will nun kurz die oben besprochenen Angaben mit meinen eigenen Befunden zusammenhalten. Nur wenige, wie *Adanson*, *Bomare*, *Wartel* und *Schroeter*, leugnen überhaupt die Möglichkeit des Wiederersatzes verlorener Körpertheile bei den Schnecken. Die beiden ersteren konnten aus philosophischen Gründen von vornherein nicht an die Sache glauben und bewiesen dann auch deren Nichtigkeit — ich vermuthe, indem sie den Thieren den Kopf so weit nach hinten zu abschnitten, dass sie immer noch wenigstens den Schlundring mit abtrennten. *Wartel* scheint nur mit einigen wenigen Schnecken experimentirt zu haben und noch dazu mit ungeeigneten Thieren. Denn da dieselben noch 10 Monate nach der Operation lebten, hat er sicher den Schlundring nicht mitentfernt. Wie es aber kommt, dass *Wartel* und *Schroeter* keine Regeneration bei den Fühlern erzielten, ist bei den knappen Angaben derselben nicht zu discutiren. Ich erinnere hier in Bezug auf alle die misslungenen Versuche daran, dass nach *Spallanzani* die vollständige Regeneration des Kopfes nur bei einer Temperatur von mindestens $+ 13^0$ R. vor sich geht und an die Ungunst verschiedener Jahreszeiten, wie unten des Näheren gezeigt wird.

Alle anderen Gegner gaben die Reproduktion der Tentakel zu und auch anderer Theile des Kopfes, falls der Schlundring unverletzt geblieben ist. Und das kann ich nach meinen Untersuchungen bestätigen. —

Spallanzani gibt zwar den Schlundring als zu dem Kopf gehörend an und stellt im „Prodromo" mit kurzen Worten die Behauptung auf, die Regeneration finde statt, einerlei, ob der Schnitt vor oder hinter dem Schlundring geführt würde, da letzterer ebenfalls sich wiedererzeuge, aber weder er noch ein anderer von seinen Freunden (*Girardi* ausgenommen) erwähnen, dass in dem abgeschnittenen Theile auch wirklich immer der Schlundring mit enthalten gewesen wäre, und die meisten bezeichnen als „Kopf" einfach die 4 Tentakel im Zusammenhang mit der Haut und einen Theil des Schlundkopfes. So ist zu erklären, dass der eine eine Schnecke köpft, und das Thier sofort todt ist, während ein anderer einer Schnecke den Kopf abschneidet und nach 4 bis 6 Wochen das Thier einen „neuen" besitzt.

Die Verschiedenheiten und Widersprüche in den Resultaten der Versuche sind gross und zahlreich — fast so zahlreich, wie die Untersucher. Aber das überrascht uns weniger, wenn wir bedenken, dass mit ganz wenigen Ausnahmen die Experimentatoren — wie wir es heute bezeichnen würden — „Dilettanten" waren im schlimmen Sinne des Wortes, Leute, welche zum Zeitvertreib oder der Mode halber sich mit einer Frage beschäftigten, welche ihrem Berufe möglichst fern lag und zu deren Bearbeitung sie durchaus nicht die genügenden Vorkenntnisse besassen. So kann es uns nicht Wunder nehmen, wenn der Herr Pfarrer in Deutschland und der Herr Abbé in Frankreich vollkommen entgegengesetzte Resultate erzielen — denn jeder arbeitet nach seiner Methode und unexakt beide. Nehmen wir dies als den Hauptgrund der Differenzen an, so bestehen doch ausserdem noch eine ganze Anzahl von Ursachen, welche das Experiment beeinflussen, wie die Zeit, zu welcher die Versuche angestellt werden, die Verpflegung, welche die Thiere erhalten, die Instrumente, mit welchen der Schnitt geführt wird.

Von den Verhältnissen, welche die Regeneration beeinflussen.

Von Wichtigkeit vor Allem ist die Jahreszeit, zu welcher die Operation gemacht wird. Nimmt man im Anfange des Frühjahres Schnecken, welche noch eingedeckelt sind, oder ihren Deckel erst seit ganz kurzer Zeit abgeworfen haben, und schneidet denselben den Kopf ganz oder zum Theil ab, oder entfernt auch nur die Tentakel, so kann man mit Sicherheit auf ein ungünstiges Resultat rechnen. Denn die Thiere sind durch das fast halbjährige Fasten so heruntergebracht, dass sie vor allem bei einem Schnitt, welcher sie des Mundes beraubt, nicht mehr die Kraft und das Material besitzen, denselben zu regeneriren, sondern an Inanition zu Grunde gehen. Dasselbe erfolgt natürlich auch, wenn man nur die Fühler abschneidet und die Thiere dann ohne Futter in Gefässen aufbewahrt. Sie leiden unter den ganz anormalen Verhältnissen, in welche sie versetzt wurden, und verhungern schliesslich, wobei eine Regeneration natürlich unmöglich ist, da auch in diesem Falle die Thiere alles verfügbare Material verbrauchen, um das Leben zu fristen.

Ganz oder theilweise negative Resultate muss man aber auch erhalten, wenn man die Schnecken eines Theiles des Kopfes beraubt gegen die Zeit der Begattung oder der Fortpflanzung hin. Hier, wo das rapide Wachsthum der Geschlechtsorgane und die Entwicklung des Sperma beziehungsweise der Eier alle Kräfte des Thieres in Anspruch nehmen, müssen für die Heilung einer grösseren Wunde und die Regeneration eines verlorenen Körpertheiles die ungünstigsten Bedingungen vorhanden sein. Und sicher geht auch ein grosser Theil der operirten Thiere zu Grunde in Folge der Unmöglichkeit, ihren Geschlechtstrieb zu befriedigen [1]), oder die Eier rechtzeitig zur Ablage zu bringen.

Ein anderes ist es, wenn die Operation im Anfange des Sommers gemacht wird. Da sind die Thiere kräftig und gut genährt, so dass sie selbst ein längeres Fasten ohne Schaden aushalten und dabei auch grössere abgeschnittene Theile des Kopfes erneuern können. Und wenn die Verletzung eine derartige ist, dass sie die Schnecke nicht längere Zeit am Fressen hindert, erfolgt die Regeneration oft erstaunlich schnell.

Auch an Thieren, welche im Herbste verstümmelt werden, kurz ehe sie sich eindeckeln, wird man in vielen Fällen eine Regeneration erzielen. Denn der für den Winterschlaf aufgespeicherte Vorrath reicht meistens auch noch aus, um Verluste von nicht zu grossen Theilen des Kopfes zu ersetzen, wenn diese Erneuerung auch langsam und eventuell weniger vollständig vor sich geht. Operirt man zu früh, so ist das Experiment wieder gestört, da die Thiere sich dann nicht genügend für den Winter gekräftigt haben.

Von Bedeutung ist ferner die Art und Weise der Verpflegung und Aufbewahrung der operirten Schnecken. Thiere, welche im Freien oder wenigstens unter möglichst naturgemässen Bedingungen gehalten werden, regeneriren sicher frühzeitiger und vollständiger, als wenn sie nach der Operation einfach in ein Gefäss geworfen werden und darin aushalten müssen ohne die ge-

---

[1]) Dies ist kein unbedeutendes Moment. Denn wie aus meinen, darauf bezüglichen Beobachtungen hervorgeht, ist der Geschlechtstrieb bei den Schnecken ein sehr grosser.

ringste Nahrung oder Feuchtigkeit zu erhalten. Und da bekanntlich bei längerem Mangel der letzteren die Lebensthätigkeit der Schnecken in hohem Masse abnimmt, wie sollten sie unter diesen Umständen grössere Verluste ersetzen?

Ein nicht zu unterschätzender Einfluss auf das Resultat der Operation kommt dem Instrumente zu, mit welchem dieselbe ausgeführt wird. Bedient man sich zur Abtrennung des Kopfes eines Messers, so wird sich zunächst ein Unterschied zeigen, je nachdem man mit demselben einen Schnitt oder einen Hieb geführt hat. Im ersteren Falle hat das Thier meist noch Zeit, sich etwas zu contrahiren, das Messer wird in vielen Fällen, wenn es auf den nach rückwärts sich bewegenden harten und glatten Schlundkopf trifft, abgleiten und statt des g a n z e n Kopfes nur einen mehr oder weniger grossen Theil desselben (oft nur einen Theil der Hautbedeckung) abtragen.

Im zweiten Falle ist die Möglichkeit des Abgleitens allerdings noch vorhanden, aber eine geringere und die Verwundung wird meist eine schwerere sein. Natürlich ist in beiden Fällen auch noch in Betracht zu ziehen, ob das Messer sehr scharf war oder nicht.

Bedient man sich dagegen einer Scheere, so geschieht erstlich die Abtrennung in kürzerer Zeit und dann wird gleichzeitig das betreffende Organ zwischen den Blättern der Scheere eingeklemmt und festgehalten, so dass bei raschem Schneiden ein Ausweichen des Schlundkopfes weniger möglich ist.

In den seltensten Fällen nimmt man beim Abschneiden des „Kopfes" den ganzen Schlundkopf mit; um ihn zu entfernen, muss man nicht dicht hinter den Augenträgern, sondern mehrere Millimeter weit nach hinten den Schnitt führen und in diesem Falle ist die Verletzung eine derartige, dass das Thier zu Grunde gehen muss. Denn nicht nur der Schlundkopf ist abgetragen, sondern auch der Schlundring ist zugleich stark verletzt oder selbst mit dem ersteren entfernt, die Genitalorgane sind stark angeschnitten, der wenig kontraktile Darm hängt meist aus der Wunde vor und die Schnecke stirbt rasch.

Ein anderer Umstand, welcher die Kritik erschwert, besteht darin, dass die Autoren selten die Species genau angeben, an welcher sie ihre Versuche angestellt haben. Jeder, welcher Nacktschnecken beobachtet hat, weiss, wie schwierig und geradezu unmöglich es ist, dieselben längere Zeit in Terrarien, sowie in kleineren Gefässen gesund und lebend zu erhalten und letztere sind nöthig, um die Versuchsthiere zu isoliren, da man sie nicht auf andere Weise zeichnen kann — und doch wurden diese Thiere zu Regenerationsbeobachtungen benützt. Auch die Gehäuseschnecken verhalten sich der Operation gegenüber sehr verschieden, wie das auch schon einzelne der früheren Beobachter bemerkten und ich im nächsten Abschnitte des genaueren ausführen werde. Am wenigsten ausdauernd ist nach meinen Versuchen Helix arbustorum (auch *Girardi* erlangte keine günstigen Resultate bei dieser Species); zunächst an Empfindlichkeit steht Helix fruticum, welche der Verletzung gegenüber sich sehr wehleidig benimmt. Besser ist es schon mit Helix pomatia, aber am vorzüglichsten eigneten sie sich bei mir Helix nemoralis und namentlich hortensis. Wurde diesen die Kuppe des Augenträgers abgeschnitten, so zogen sie sich kaum in das Haus zurück und krochen kurz nachher mit ganz oder theilweise ausgestreckten Tentakeln umher, als ob ihnen nichts passirt wäre und sie regenerirten auch viel rascher als Helix pomatia. Diese

Thiere scheinen überhaupt sehr unempfindlich gegen Verletzungen zu sein, wie aus folgendem Versuche hervorgeht. Um die Regeneration am Fusse zu beobachten, schnitt ich einer Anzahl die Fuss- oder sogenannte Schwanzspitze ein, zwei bis drei Millimeter weit ab, wenn die Thiere gerade vollkommen ausgestreckt am Rande eines Glasgefässes krochen. Und keines markirte auch nur im mindesten weder durch Kontrahiren des Fusses, noch durch Bewegung der Tentakel, dass es berührt worden war.

Aber nicht nur die verschiedenen Species verhalten sich verschieden, sondern auch die Thiere derselben Art binden sich in Beziehung auf das Regeneriren an keine Regel; das eine z. B. erneuert in 56 Tagen die im Zusammenhang abgeschnittenen Tentakel sammt den Augen vollständig, ein anderes hat nach 83 Tagen noch nicht einmal das Epithel des allein abgetragenen Tentakelknopfes vollkommen neu gebildet und bei einem Dritten ist die Wunde in dem durchschnittenen Fühler nach 65 Tagen noch nicht gänzlich zugeheilt. Diese Unregelmässigkeiten müssen bei einer Untersuchung über die Regenerationserscheinungen natürlich in Betracht gezogen werden — aber die wenigsten der alten Beobachter haben es gethan und gerade die Gegner *Spallanzani's* liessen sie ganz ausser Acht, während dieser, wie oben gesagt, erwähnt, dass nicht alle Schnecken in gleicher Weise oder zu derselben Zeit die abgeschnittenen Theile reproduzirten, da nicht alle die Fähigkeit zu regeneriren besässen.

Auf diese Weise scheinen mir die Abweichungen in den Resultaten bei den früheren Beobachtern ihre Erklärung zu finden.

Was meine Resultate betrifft, so lassen sich selbstverständlich aus ihnen keine allgemein gültigen Regeln in Bezug auf die Zeit, innerhalb welcher eine Regeneration stattfinden müsste, ableiten; wenn ich die Versuche in ganz gleicher Weise in einem andern Frühjahr oder in einem andern Klima wiederholte, würden sich eben zeitliche Differenzen mit den vorliegenden Angaben ergeben. —

Bei meinen Versuchen spielten natürlich Jahreszeit und Witterung eine ebenso grosse Rolle, wie bei denen meiner Vorgänger, und ihr Einfluss ist aus dem Journal, welches ich über die Thiere geführt habe, deutlich zu erkennen, ebenso wie das Verhalten der verschiedenen Individuen und Species gegenüber der Regeneration. Ich glaube aber desshalb noch nicht, gleich *Spallanzani*, dass das Regeneriren sozusagen eine berechtigte Eigenthümlichkeit sei, welche das eine Individuum besitzt, das andere aber nicht, sondern dass diese Fähigkeit bei den Landmollusken eine ebenso allgemeine ist, wie z. B. bei den geschwänzten Amphibien. Nur muss man nicht vergessen, dass bei den ersteren Thieren alle Lebensthätigkeiten sich sehr langsam und — zum Theil — auch unregelmässig abspielen und demgemäss die Reaktion des Körpers gegen Verletzungen, beziehungsweise die Erneuerung verlorener Körpertheile auch langsamer und unregelmässiger vor sich geht. als bei Thieren mit regerem Stoffwechsel. —

Die Ursachen, welche in den hier besprochenen Fällen zu der Regeneration Veranlassung waren, bestanden immer in direkten Eingriffen von Menschen oder auch Thieren, welche mit schneidenden Werkzeugen, beziehungsweise Zähnen oder Schnäbeln die Schnecke verletzten und sie einzelner Theile ihres Körpers beraubten. Um so auffälliger ist ein Akt der Selbstverstümmelung, welchen nach Semper[1]) eine philippinische Schnecke an sich selbst begeht, sowie sie gestört wird. Diese Thiere, welche der Gattung Helicarion Fer. angehören, besitzen die Eigenthümlichkeit, ihren Fuss spontan ablösen zu können, indem sie bei unsanfter Berührung mit dem Schwanze sich hin- und herschnellen, bis der letztere sich ganz vom Thiere abgelöst hat, worauf sie so munter wie vorher herumkriechen. Dieser Verlust scheint sich ziemlich rasch wieder zu ersetzen, denn Semper fand nie, oder nur äusserst selten verstümmelte Exemplare.

Das Schlagen mit dem Fussende bei Berührung hat mit diesem Helicarion auch unsere Physa gemein; doch scheint es hier nicht bis zum Abwerfen desselben zu kommen.

Allgemeine Angaben über meine Versuche.

Die Helix-Arten, mit denen ich experimentirte, wurden alle unter Bedingungen gehalten, welche den natürlichen möglichst angepasst wurden. Anfangs versuchte ich zwar die etwaigen Einflüsse anormaler Verhältnisse zu beobachten, indem ich die Thiere nicht nur in dem gleich zu besprechenden „Zwinger" hielt, sondern zum Theil ohne Futter in kleineren Glasgefässen, theils in einem grösseren Behälter auf trockenem Moos aufbewahrte und ihnen von Zeit zu Zeit Futter und Feuchtigkeit zukommen liess, ferner sie zum Theil in kalten, zum Theil in warmen Räumen pflegte. Doch gab ich diese Versuche wieder auf, nachdem die Verschiedenheit, mit welcher die unter gleichen, natürlichen Bedingungen lebenden Thiere sich verhielten, mich überzeugt hatte, dass auf diese Weise klare, brauchbare Resultate sich kaum erzielen liessen.

So hielt ich denn von Ende Februar ab sämmtliche operirten Thiere in dem „Zwinger"; dieser bestand aus einem starken Kasten von Zinkblech, ungefähr 1 m. lang, 50 cm. breit und 30 cm. hoch. Derselbe wurde ungefähr bis zu $^2/_3$ seiner Höhe mit Erde und darüber gelegten grossen Rasenstücken angefüllt. Auf den Wänden des Kastens ruhte als Deckel ein nach oben zu sich etwas verjüngender, gleichfalls vierseitiger Aufsatz von 30 cm. Höhe, dessen eine lange Wand aus feinem Drahtgeflecht bestand, während die übrigen von Glasscheiben gebildet wurden. Der Apparat stand an einem meist geöffneten Fenster der zoologischen Sammlung so, dass er gegen ein Uebermass von Licht und Sonne geschützt werden konnte, mit der Drahtwand gegen das Fenster zu. Auf diese Weise hatten die Thiere immer genügend frische Luft und die nöthige Feuchtigkeit liess ich ihnen mittelst einer Blumenbrause zu Theil werden, immer mit Berücksichtigung und im Anschluss an das jeweilig herrschende Wetter. Ich fütterte die Thiere mit in Scheiben geschnittenen gelben Rüben (Möhren), welches ihr Lieblingsfutter zu sein schien, sowie mit Salat- und Krautblättern. Die Fütterung geschah meist bei Regenwetter; bei länger anhaltender Dürre liess ich ein solches den Thieren von Zeit zu Zeit mit der Brause zu Theil werden,

---

[1]) Reisen im Archipel der Philippinen von Dr. C. Semper. II. Theil, Bd. III. Heft 1.

um sie zum Fressen zu bewegen. Ebenso imitirte ich im Hochsommer den Abendthau. Auf diese Weise hatte ich es den Thieren ziemlich behaglich eingerichtet und sorgte durch regelmässiges Entfernen des alten Futters, sowie der gestorbenen Thiere dafür, dass die Luft in dem Zwinger rein blieb und der üble Geruch möglichst vermieden wurde. Zu diesem Behuf hob ich auch täglich mehrmals den Deckel ab und liess von dem geöffneten Fenster her die frische Luft über den Kasten hinstreichen. Wie nothwendig eine derartige Pflege der Thiere ist, erfuhr ich, so oft ich ein paar Tage hintereinander von dem Institute fortzubleiben genöthigt war — der Procentsatz der Todten hatte sich sofort in erschreckender Weise vermehrt. —

Nun noch einige Worte über die Methode, welche ich bei den Operationen der Thiere anwandte. Ich legte eine Anzahl Schnecken, welche ich zu derselben Zeit operiren wollte, in ein Glassgefäss, dessen Boden ca. 2 mm. hoch mit Wasser bedeckt war. Um der Flüssigkeit zu entrinnen, krochen die Thiere an der Wand des Gefässes in die Höhe, bis sie an den Rand des Glases kamen; hier angelangt, war ihrem Vordringen plötzlich Halt geboten und sie tasteten nun mit ungemein weit ausgestreckten Augenträgern in der Luft nach einem ferneren Stützpunkte umher. Diesen Moment benutzte ich, um mit relativ grösster Genauigkeit bestimmte Theile abzutrennen. Bei allen Operationen bediente ich mich ausgezeichneter Scheeren mit gekrümmten Blättern von Katsch in München. Auf solche Art war es mir möglich, nicht nur mit ziemlicher Gewissheit wirklich auch die beabsichtigten Theile abzutrennen, sondern es gelang mir auch sehr häufig, allein das Auge mit dem umliegenden Epithel von der Kuppe des Augenträgers zu entfernen, ohne diesen selbst oder das Ganglion weiter zu verletzen. Es war das von Wichtigkeit, da nur die Entwickelungsstadien von auf solche Weise operirten Augen jederzeit zu der Untersuchung zur Verfügung standen. Denn die Schnecken streckten die auf solche Weise der Augen beraubten Fühler gerade so aus und tasteten ebenso mit ihnen nach allen Richtungen umher, kurz sie gebrauchten dieselben, als wenn sie noch das unversehrte Auge an der Spitze trügen — beiläufig gesagt, ein Beweis mehr für die Annahme, dass das Gesichtsorgan für diese Schnecken nur von einem sehr zweifelhaften Werthe zu sein scheint und dass das Hauptorgan im Tentakel nicht das Auge, mit welchem sie nur in sehr unbedeutender Weise sehen, sondern das Fühlerganglion mit seinen uns allerdings noch ziemlich unbekannten Tast- oder Riech-Endorganen ist. Schnitt ich dagegen die Tentakel so ab, dass das Fühlerganglion mit weggenommen wurde, so waren jüngere Regenerationsstadien kaum zu erlangen, da die Thiere sofort ihre Tentakel einzogen und nur selten vor fast vollständiger Heilung wieder ausstreckten.

Wollte ich grössere Theile des Kopfes abtrennen, so nahm ich das Gehäuse der Schnecke zwischen zwei Finger der einen Hand — das Thier streckte sich, soweit es nur konnte, aus der Schale hervor und ich führte dann den gewünschten Schnitt.

Ich will nun in einer kurzen Zusammenfassung meiner Versuche zeigen, in welcher Weise sich meine Thiere den Verletzungen gegenüber verhielten und in wie weit sie Regenerations-Erscheinungen wahrnehmen liessen. Zu dem Behuf beginne ich mit den Schnecken, welchen grössere Theile des Kopfes abgetrennt wurden und gebe dann zu denjenigen über, welche mit möglichster Schonung operirt wurden, um die Regeneration des Epithels und des Auges genau verfolgen zu können.

Am 19. October 1878 wurde fünf Schnecken die Kopfhaut mit Tentakeln und Theilen des Schlundkopfes abgeschnitten. Von diesen Thieren starben zwei am 1. Februar 1879, die drei überlebenden zeigten bei der Untersuchung am 21. Februar folgende Verschiedenheiten: die eine hatte vollständig regenerirt; sämmtliche Tentakel waren neu gebildet, hatten aber nur die Hälfte der gewöhnlichen Länge erreicht.

Bei der zweiten waren die Lippen regenerirt, von den Tentakeln war nur der linke Augenträger gebildet. Bei diesem, wie bei dem ersteren Thiere, war das Auge vollkommen regenerirt.

Bei der dritten Schnecke war die Wunde glatt zugewachsen und weder Lippen noch Tentakel neu gebildet.

Am 22. Januar 1879 trennte ich einer Schnecke den Kopf mit dem Schlundkopf, dem Penis, Pfeilsack und den fingerförmigen Anhangsdrüsen ab; das Thier zog sich in sein Gehäuse zurück, aus welchem die Fussspitze gelähmt hervorhing und war den folgenden Tag todt.

Ebenso starb eine Helix nemoralis, welcher ich den Kopf mit dem Schlundkopf am 3. Februar abgetrennt hatte, schon am 14. desselben Monats.

Eine Helix hortensis, welcher ich am 14. Februar den Obertheil des Kopfes mit einem Theil des Schlundkopfes, den Augenträgern und den kleinen Tentakeln abgeschnitten hatte, kroch zwar zunächst herum, fast als ob sie noch unverletzt wäre, starb aber auch nach kurzer Zeit.

Zwei Helix fruticum, denen ich den Kopf mit dem Schlundring abgetrennt hatte, ohne die Geschlechtstheile zu verletzen, starben kurze Zeit nach der Operation.

Bei einer Anzahl von Helix pomatia, hortensis, nemoralis, denen ich den Kopf in verschiedener Weise abgetrennt hatte, theils sämmtliche Tentakel mit Mund und Schlundkopf, theils sämmtliche Tentakel mit Mund und ohne Schlundkopf, und zwar immer ohne Verletzung des Schlundringes, hatte ich regelmässig schlechten Erfolg, die Thiere starben alle kürzere oder längere Zeit nach der Operation.

Bei einer Helix hortensis dagegen, welcher ich am 20. Mai die beiden Augenträger mit einer sie verbindenden Hautbrücke abgeschnitten hatte, zeigte sich nach 41 Tagen am 1. Juli der linke Augenträger in einer Länge von 1 mm., der rechte in der Länge von 0,5 mm. regenerirt. In beiden war das Auge bereits entwickelt, die Pigmentirung hatte begonnen, die Gestalt des Auges war eine sehr unregelmässige.

Die Regenerationserscheinungen, wie sie sich an einer Helix nemoralis nach 45 Tagen fanden, gibt Figur 12 wieder.

Dem Thiere waren am 20. Mai beide Augenträger, verbunden durch eine grosse Hautbrücke, abgetragen worden. Nach 25 Tagen zeigte sich die Wunde vernarbt und nach weiteren 20 Tagen hatten die Fühler bereits die aus der Abbildung ersichtliche Gestalt und Grösse. Aus einer gemeinsamen kegelförmigen Basis erheben sich die beiden Augenträger, von denen der rechte nur ungefähr die halbe Länge des linken besitzt, in jedem ist das Auge bereits als dunkles Pünktchen sichtbar.

Bei zwei anderen Thieren derselben Species, welchen ich am 28. Juni den Kopf mit den Kiefern und den vier Tentakeln abgetrennt hatte, bei der einen mit dem ganzen Schlundkopf, bei der anderen mit einem kleinen Theil desselben, zeigte sich am 28. Juli die Wunde zugeheilt. In beiden Fällen war der Rumpf vorne glatt ohne Mundöffnung abgeschlossen, nur bei der einen ragte ein kleines Knöpfchen hervor. Von einer sonstigen Anlage der Organe war nichts wahrzunehmen.

Eine Anzahl anderer Schnecken, welche in ähnlicher Weise unter demselben Datum operirt worden waren, gingen bis Mitte Juli alle zu Grunde. Eine, bei welcher der Schlundring mit abgetrennt worden war, deckelte sich ein, starb aber ein paar Tage nach der Verstümmelung.

Am 1. Juli schnitt ich einer Helix fruticum beide Augenträger, durch eine Hautbrücke verbunden, ab.

Am 22. August war die Wunde zugeheilt und an Stelle der beiden Augenträger hatte sich eine für beide gemeinsame Erhebung gebildet (Fig. 11).

Diese, sowie eine Anzahl anderer zu derselben Zeit in ähnlicher Weise operirten Thiere konnte ich leider nicht lange genug in Bezug auf ihre Regenerationsfähigkeit beobachten. Denn als ich nach einer kaum vierwöchentlichen Abwesenheit zurückkam, waren sämmtliche Versuchsthiere, die ich zurückgelassen hatte, als todt fortgeworfen worden.

Fast sämmtliche Thiere, denen der Kopf mit dem ganzen Schlundkopf oder einem grösseren Theil desselben abgetrennt worden war, starben in den nächsten Tagen nach der Operation, und zwar konnte ich in diesen Fällen einen Einfluss der Jahreszeit kaum wahrnehmen.

Von denen, welchen die Kopfhaut mit den Tentakeln abgetrennt worden war, starb nur eine schon 4 Tage nach der Verstümmelung; sie war im März operirt worden.

Von den im Februar und Mai operirten Thieren starben einige in den ersten 14 Tagen, die Mehrzahl lebte über 50—125 Tage und zeigte deutliche Regenerations-Erscheinungen. Ebenso verhielten sich auch die Thiere, an welchen im October die gleiche Operation vollzogen war.

Das Verhältniss der Todesfälle überhaupt zu den Monaten, in welchen die Operationen stattfanden, stellt sich für die Zeit vom 1. Februar bis zum 1. August in folgender Weise dar.

Von den Thieren aus dem Februar starben bis zu dem angegebenen Termin etwas über $1/3$, und schon im Februar $1/6$. Von den im März, April und Mai operirten Thieren starben bis zum 1. August über die Hälfte; im März ging $1/8$ zu Grunde, von den im April und Mai verstümmelten Thieren starb in eben diesen Monaten kein einziges Thier, im Juni $1/5$ und im Juli die Hälfte.

Diesen Sterblichkeits-Verhältnissen entspricht durchaus nicht die Intensität der Regenerations-Erscheinungen. Die Thiere aus dem Februar regenerirten am langsamsten; eine vollständige Erneuerung des Epithels fand sich nicht vor dem 64. Tage, und bei einem Exemplar war es noch nach 93 Tagen unfertig. Die günstigsten Zahlen finden sich im Juni, wo die vollständige Regeneration des Epithels nach 29 Tagen eingetreten war.

Von den Thieren des April fand allerdings in einem Falle eine vollständige Erneuerung des Epithels schon nach 27 Tagen statt, aber es fanden sich auch Exemplare, bei welchen dieselbe nach 69 Tagen noch nicht vollendet war.

Was die Regeneration des Auges betrifft, so erwiesen sich die Monate April und Mai als zur Operation am geeignetsten. Gerade hier zeigt sich in besonders auffallender Weise, wie sehr verschieden sich die einzelnen Individuen der Regeneration gegenüber verhielten.

Ich hatte am 22. April eine Anzahl von Helix hortensis in der Weise operirt, dass ich bei ganz ausgestreckten Tentakeln durch einen raschen Scheerenschlag die Epithelkuppe des Augenträgers mit dem Auge abtrennte, ohne das Fühlerganglion zu verletzen, ein Kunststück, welches man mit einer gekrümmten Scheere nach längerer Uebung ohne Schwierigkeit ausführen kann. Die Verletzung wird dann von den Thieren sehr leicht ertragen und sie kriechen fast unmittelbar nach der Operation mit weit ausgestreckten Tentakeln umher, als ob sie unverletzt wären. Nach 55 Tagen trennte ich bei 4 von diesen Thieren die Augenträger zur Untersuchung ab und fand bei ihnen zu meinem Erstaunen das Auge auf ganz verschiedenen Stadien der Entwickelung. Die Thiere waren alle vollkommen ausgewachsen, sie waren zu derselben Stunde gesammelt worden, in derselben Stunde operirt worden und lebten in der Gefangenschaft in demselben Behälter unter den gleichen Bedingungen. Es zeigte sich nun bei der einen die Einstülpung der Augenblase noch offen und ohne Pigment (Fig. 15); bei der anderen war das Auge noch im Zusammenhang mit dem Epithel und die Pigmentirung begann eben; bei dem dritten Thiere war die Augenblase eben in der Abschnürung begriffen und nur noch an einer sehr kleinen Stelle mit dem Epithel in Zusammenhang, bei der vierten war das Auge regenerirt und nahezu so stark pigmentirt, wie das normale. — Bei den oben erwähnten ganz gleichen äusseren Bedingungen kann ich diese Unterschiede in der Entwickelung nur auf individuelle Verschiedenheiten der einzelnen Thiere zurückführen.

Die eben angeführten Beispiele sind durchaus nicht vereinzelte Fälle, sondern diese Ungleichmässigkeit der Entwickelung ist die Regel. —

Ich habe jetzt noch einige Worte anzufügen über die Art und Weise, wie die verschiedenen Species, mit welchen ich experimentirte, sich zu der Regeneration im Allgemeinen verhielten. Die Gehäuseschnecken, welche ich zu meinen Versuchen verwandte, gehörten den Species Helix hortensis, nemoralis, pomatia, fruticum, incarnata, arbustorum, ericetorum, und Bulimus obscurus an. Davon regenerirten am schnellsten und gleichzeitig bei der geringsten Sterblichkeitsziffer Helix hortensis und nemoralis, weniger rasch und mit höherem Procentsatz an Todten Helix pomatia, fruticum und arbustorum. An Helix incarnata und ericetorum, sowie an Bulimus obscurus beobachtete ich keine Regenerations-Erscheinungen, sondern ein baldiges Zugrundegehen der Thiere. Diesen Misserfolg gebe ich aber weniger einem etwaigen Unvermögen der Thiere, zu regeneriren, schuld, als der viel grösseren Schwierigkeit, diese Thiere in der Gefangenschaft unter einigermassen normalen Bedingungen zu halten, vielleicht auch einer grösseren Empfindlichkeit gegen Verletzungen. Aehnliche Umstände mochten verursachen, dass ich bei Nacktschnecken keinen Erfolg erzielte. Um Verwechselungen unter den operirten Thieren zu vermeiden, mussten dieselben entweder gezeichnet oder separirt werden. Ersteres war bei den Gehäuseschnecken sehr leicht und einfach anzuwenden, indem ich jedem Thiere seine Journalnummer mit Tinte auf die Schale schrieb und, nachdem sie getrocknet war, mit Damarlack überstrich. Das ging natürlich bei den Nacktschnecken nicht, ich musste diese Thiere also separiren. In den kleineren Glasgefässen, welche ich dazu verwandte, konnte ich ihnen freilich die natürlichen Lebensbedingungen nicht in ausreichendem Masse gewähren und die Thiere erlagen rasch der Ungunst der Verhältnisse, ohne deutliche Regenerations-Erscheinungen wahrnehmen zu lassen.

Von den Süsswasserschnecken hatte ich zu meinen Versuchen Limnaeus auricularis und Planorbis carinatus verwandt. Hier schien es mir nun, als ob diese Thiere die Fähigkeit der Regeneration entweder gar nicht oder nur in sehr unbedeutender Weise besässen, sie gingen immer bald nach der Operation zu Grunde. Ihre Organisation mag schuld daran sein. Limnaeus z. B., welcher seine wenig contractilen Tentakel nicht gleich Helix durch Einziehen dem Einflusse des umgebenden Mediums entziehen kann, ist genöthigt, falls er nicht für längere Zeit sich ganz in das Gehäuse zurückziehen und dem Erstickungstod preisgeben will, die offene Wunde dem Zutritt des Wassers und der darin enthaltenen Pilze auszusetzen. Ich beobachtete wenigstens an meinen Exemplaren, dass sie, auch nach Abtrennung nur eines Tentakels, sich in das Gehäuse zurückzogen, auf den Grund des Wassers fielen und dort lange Zeit liegen blieben; schliesslich sahen sie sich genöthigt, an die Oberfläche zu kommen, krochen vielleicht noch ein paar Tage herum und starben dann mit gänzlich unverheilter Wunde.

II.
Die Bildung des Epithels und des Auges bei der Regeneration.

Zur kurzen Uebersicht der Art und Weise, in welcher sich die Regenerations-Erscheinungen an diesen Organen vollzog, gebe ich hier zunächst einen Auszug aus meinem Journal, die Beobachtungen über d i e Thiere enthaltend, welche für die folgende Untersuchung über die Bildung des Auges sich als brauchbar erwiesen.

Ich berücksichtige hier nur letztere, da die Verhältnisse bei der Bildung des Epithels diesen ganz analog sind.

Nr.	Species	Zeit der Operation.	Alter des Stadiums in Tagen.	Stadium des regenerirten Auges.
A. I.	Helix hortensis.	19. X. 78	125	Gleich dem normalen Auge.
A. II.	" "	19. X. 78	125	" " - "
B. I.	" "	19. X. 78	124	" " - "
B. II.	" "	19. X. 78	124	" " - "
71	" "	14. II. 79	70	Das Auge ist vollkommen ausgebildet.
80	" pomatia.	15. II. 79	64	Erster Beginn der Einstülpung.
105	" hortensis	21. II. 79	132	Das Auge ist regenerirt, aber noch schwach pigmentirt.
136	" pomatia.	4. III. 79	47	Einstülpung des Epithels noch im Zusammenhang mit demselben.
159	" "	22. IV. 79	101	Das Auge ist noch kaum pigmentirt, die Zellen noch nicht gänzlich umgebildet.
160	" hortensis.	22. IV. 79	48	Das Auge ist schwach pigmentirt.
161	" "	22. IV. 79	55	Das Auge ist regenerirt und fast so stark pigmentirt, wie das normale.
162 I	" "	22. IV. 79	55	Das Auge ist noch sehr unfertig und pigmentlos.
163	" "	22. IV. 79	55	Die Einstülpung ist kaum vom Epithel abgeschnürt und sehr schwach pigmentirt.
164 I a	" "	22. IV. 79	55	Die Einstülpung ist noch nicht geschlossen.
164 I b	" "	22. IV. 79	55	Das Auge ist noch in Zusammenhang mit dem Epithel, die Pigmentirung beginnt.

Nr.	Species	Zeit der Operation.	Alter des Stadiums in Tagen.	Stadium des regenerirten Auges.
164 II b	Helix hortensis.	22. IV. 79	55	Das Auge ist an einer Stelle noch in Verbindung mit dem Epithel; die Pigmentirung beginnt.
165	„ „	22. IV. 79	77	Das Auge ist noch schwach pigmentirt.
190	„ pomatia.	30. IV. 79	59	Die Einstülpung hat sich vom Epithel getrennt.
193	„ hortensis.	30. IV. 79	54	Das Auge ist vollkommen regenerirt.
194	„ „	30. IV. 79	94	Das Auge ist vollständig regenerirt.
197	„ pomatia.	20. V. 79	37	Die Einstülpung hängt noch mit dem Epithel zusammen.
202	„ hortensis.	20. V. 79	41	Das Auge ist entwickelt, die Pigmentirung beginnt.
203	„ nemoralis.	20. V. 79	56	Beide Augen sind vollkommen regenerirt sammt den ca. 3 mm langen Tentakeln.
209	„ „	20. V. 79	37	Die Einstülpung schliesst sich eben.
210	„ „	20. V. 79	71	Das Auge ist noch schwach pigmentirt (165).
212	„ fruticum.	20. V. 79	47	Die Einstülpung beginnt eben.
239	„ hortensis.	28. VI. 79	20	Die Einstülpung beginnt.
243	„ „	28. VI. 79	29	Die Einstülpung ist gebildet.
245	„ „	28. VI. 79	35	Die Einstülpung schliesst sich.
249	„ „	28. VI. 79	35	Die Einstülpung schliesst sich.

Aus diesen Daten ergibt sich, dass z. B. bei Helix hortensis im günstigen Falle nach 50 bis 60 Tagen das Auge vollkommen regenerirt werden kann, während es im ungünstigen Falle noch nach der dreifachen Zeit unvollendet ist und bei anderen Thieren nach gleichem Zeitverlauf oft noch nicht einmal eine Einstülpung vorhanden ist. Ebenso in die Augen fallend ist der Umstand, dass die nach dem März operirten Thiere viel günstigere Resultate aufweisen, als die vorher verstümmelten, sowie die langsamere Entwicklung bei Helix pomatia im Vergleich zu hortensis.

Durch diese Ungleichheiten wird nicht nur die Angabe einer bestimmten Frist für die Regenerationserscheinungen unmöglich gemacht, sondern es wurde dadurch auch die Bearbeitung der Frage sehr erschwert. Ich hatte im Verlaufe von zwei Monaten eine Anzahl von 150 Schnecken operirt und beabsichtigte, jeden zweiten Tag ein bis zwei Thiere zu tödten, um so in kurzer Zeit ein reiches, alle Stadien umfassendes Material in Händen zu haben. Und so musste es auch kommen, wenn die Regeneration in derselben schematischen Weise vor sich ging, wie z. B. bei den Amphibien. Aber weit entfernt davon zeigte sich der Verlauf bei meinen Versuchsthieren so ungemein unregelmässig, dass das Erlangen der nöthigen Stadien vollkommen dem Zufall unterworfen war, um so mehr, als der Regenerationsprozess sich nicht vor den Augen des Beobachters abspielt und dieser nie wissen kann, auf welcher Etappe der Reproduction sich die Thiere befinden. Um die Chancen einigermassen zu verbessern, musste also das Material vermehrt werden und als ich die Arbeit abschloss, betrug die Zahl der verstümmelten Thiere 442, und da ich bei der Mehrzahl derselben beide Augen entfernt hatte, standen mir ca. 600 regenerirende Augenträger zur Verfügung.

Ein anderes Hinderniss steht den Beobachtungen der Regenerations-Erscheinungen in den Geweben selbst im Wege, — das ist die Uebereinstimmung der verschiedenen z. B. in einem

Tentakel enthaltenen Gewebsformen und ich konnte noch kein Reagens finden, welches hier in allen Fällen ein sicherer Führer sein könnte. Bekanntlich ist das Fühlerganglion, sowie die davon ausgehenden Nervenstämme mit einem Belag von kleinen Ganglienzellen besetzt, deren Kerne sich stark färben, während das Protoplasma der Zelle die Farbe nicht annimmt. Figur 2. — Nun findet sich in einem Präparat an einer beliebigen Stelle eine Anhäufung von Zellen, welche genau so aussieht, wie die Rinde des Ganglion. Die Untersuchung zeigt, dass es Blutkörperchen sind, welche, in dem nicht gefärbten Serum liegend, von den kleinen Ganglienzellen nicht zu unterscheiden sind. Figur 1. — Sieht man jetzt bei einem verletzten und regenerirten Ganglion an der Grenze des normalen Theiles derartige Zellen liegen — wie soll man entscheiden, ob es aus dem Ganglion sprossende Ganglienzellen oder ob es Blutkörperchen oder freie Kerne sind?[1]) — Ein anderes. Zwischen den kleinen Ganglienzellen kommen in spärlicher Zahl auch grössere vor, welche den grossen Schleimdrüsenzellen, die den Fühler innen auskleiden, äusserst ähnlich sehen; eine Grenze ist auch hier nicht zu ziehen. Figur 4[2]).

Ferner ist störend die Anwesenheit zweier Formen von Bindegewebe — eines grossblasigen, meist in rundlichen Zellen auftretenden — Figur 5 — welches aber in die obenerwähnten Schleimzellen überzugehen scheint, und eines langgestreckten, mit länglichen Kernen, welch letzteres, sowie die Zellen in einer Richtung nebeneinanderliegen, von dem regenerirenden Muskelgewebe kaum unterschieden werden kann.

Es handelte sich nun darum, die Untersuchung so zu führen, dass diese lästigen Fehlerquellen möglichst vermieden wurden, und desshalb wählte ich besonders scharf charakterisirte Gewebe und Organe — das Epithel des Tentakelknopfes und das Auge für die genauere Bearbeitung aus. Bei dem Auge ergab sich noch eine interessante Complication der Untersuchung durch Berücksichtigung der embryonalen Entwicklung dieses Organes und den Vergleich derselben mit der Bildung auf dem Wege der Regeneration. —

Die Regeneration des Epithels.

Fig. 6 und 7.

Die Erneuerung des Epithels schien mir zuerst in der Weise vor sich zu gehen, dass über der Wunde von den unverletzten Zellen her eine Plasmaschicht abgesondert wurde, in welche

---

[1]) Manchem möchte die Antwort nahe liegen: Durch Mazeriren und Zerzupfen! Aber erstens hat man dann die Gewebe nicht im nöthigen Zusammenhange und zweitens waren die brauchbaren Regenerationsstadien zu selten, als dass ich während der Untersuchung mich der Gefahr hätte aussetzen dürfen, bei dem Zerzupfen eventuell ein Unicum zu vernichten.

[2]) In Betreff dieser grossen Schleimzellen im Innern des Tentakels möchte ich folgende Ansicht aufstellen. Der Fühler ist mit diesen Zellen vollkommen innen ausgekleidet wie mit einem Endothel und ich sehe in denselben ein ganz glattes Widerlager, welches das äusserst schnelle Einziehen des Fühlers erleichtert und die Reibung auf ein Minimum reduzirt, da bei dem Ein- und Ausstülpen des Tentakels nur diese schleimigen Gewebe sich berühren und aneinander hingleiten.

dann aus den unterliegenden Geweben Kerne einwanderten. Doch das erwies sich rasch als Täuschung und ich kann an der Hand gelungener Präparate den wahren Verlauf der Epithelbildung von Anfang bis zu Ende verfolgen.

Die Zellen des Wundrandes beginnen sich abzuflachen und von allen Seiten her schieben sich diese platten Zellen gegen die Mitte der Wunde zu, bis dieselbe vollkommen überdeckt ist. Figur 6. Zu dieser Zeit sind die mittelsten Zellen fast unmessbar dünn, nach dem Rande hin nehmen sie allmählig an Dicke zu und gehen in die normalen Cylinderepithelzellen über; dabei verschwindet zugleich der ziemlich starke Cuticularsaum. Der Reiz der Wunde bewirkt einen Zusammenfluss der Säfte nach der regenerirenden Stelle hin, das Protoplasma der Zellen nimmt an Mächtigkeit zu und die Kerne erlangen, dem Dickenwachsthum der Zellen entsprechend, eine Kugelgestalt, so dass aus dem Plattenepithel ein mehr kubisches Epithel entsteht. Figur 6a und 6b. Eine Vermehrung der Zellen durch Theilung hat noch nicht stattgefunden, sondern die Kerne sind die der ursprünglich normalen, verflachten Epithelzellen. Sowie aber das Epithel bei weiterem Wachsthum anfängt, aus den kubischen Zellen in Cylinderzellen überzugehen, beginnt die Entstehung neuer Zellen mittelst Theilung und zwar wird auch hier der Vermehrungsprozess eingeleitet durch die Theilungsvorgänge im Kerne. Aus der grossen Anzahl von Präparaten bilde ich nur die wichtigsten Stadien ab. Fig. 7a — c. Wie aus den Abbildungen ersichtlich ist, finden sich hier die gleichen Erscheinungen, wie sie schon von Wirbelthieren bekannt sind und man wird unschwer die Kernfiguren der Schnecken auf die der Vertebraten beziehen können.[1]) Mit der Vermehrung der Kerne geht die Bildung der Cylinderzellen Hand in Hand, bis schliesslich das regenerirte Epithel sich vom früheren normalen in nichts mehr unterscheidet. Ueber die von Flemming[2]) und Simroth beschriebenen Nervenendigungen kann ich keine Angaben machen, da ich bei meiner Präparationsmethode, die sich für die Erhaltung der Zellen als vortrefflich erwies, dieselben weder an normalen, noch an regenerirenden Tentakeln genau der dort gegebenen Beschreibung entsprechend nachweisen konnte. Doch glaube ich einige Bilder von normalem Epithel darauf beziehen zu können, während ich in Bezug auf regenerirtes Epithel nach keiner Seite hin sichere Angaben zu machen im Stande bin.

Die Behandlung der Objecte war folgende: Der ganze Fühler oder Theile desselben wurden unmittelbar nach dem Abschneiden in verdünnte Chromsäure-Lösung geworfen, worin sie einige Stunden verblieben; die an der Basis abgetrennten Tentakel streckten sich dann meistens, stülpten sich aus und wurden so prall wie im Leben[3]). Aus der Chromsäure kamen die Präparate in circa 80prozentigen Alkohol (Brennspiritus), welcher ein oder zweimal gewechselt und dann mit

---

[1]) Flemming, Ueber das Verhalten des Kerns bei der Zelltheilung und über die Bedeutung mehrkerniger Zellen. Virchow's Archiv für pathol. Anatomie und Physiologie Bd. XXVII 1879 Taf. I.
[2]) Flemming, Untersuchungen über Sinnesepithelien der Mollusken. Archiv für mikroskopische Anatomie 1870. VI. Bd. pag. 447. ff. Tab. XXIII und XXIV.
Simroth. Ueber die Sinneswerkzeuge unserer einheimischen Mollusken. Zeitschrift für wissenschaftliche Zoologie. Bd. XXVI. 1876. Taf. XV—XXI. pag. 231 ff.
[3]) Flemming hat dieselbe Erscheinung bereits erwähnt Archiv f. mikr. Anat. VI pag. 441.

absolutem Alkohol vertauscht wurde. Hierauf wurde in der gewöhnlichen Weise weiter verfahren, die Objecte in Terpentin-Oel gebracht, dann in einer Mischung von Paraffin und Talg eingeschmolzen und auf einem *Leyser*'schen Mikrotom mit *Long*'schen Messern geschnitten. Dabei erzielte ich bei Fühlern von Helix pomatia Serien von ca. $1/60 — 1/80$ mm. Dicke, bei den kleineren Arten, wie Helix hortensis und nemoralis Serien von $1/90 — 1/100$ mm. Dicke; bei letzteren gelang es allerdings, einige Serien noch dünner zu schneiden, doch waren die angegebenen Zahlen die Regel und für die betreffenden Species auch vollkommen ausreichend. — Bei der obigen Beschreibung der Epithelbildung nahm ich keine Rücksicht auf die hie und da vorkommenden Unregelmässigkeiten in dem regenerirenden Epithel, da diese sich später immer wieder ausgleichen. Dagegen muss ich einige Angaben in Bezug auf die Zeit, innerhalb welcher die Reproduktion vor sich ging, hier anfügen.

Weit entfernt von der Schnelligkeit, mit welcher die Regeneration des Epithels z. B. bei Amphibien vor sich geht[1]), fand sie bei meinen Schnecken nur sehr langsam statt. Bei jenen Thieren genügen einige Stunden zur vollkommenen Regeneration und hier ist nach ein bis zwei Tagen kaum der Anfang der Epithelbildung wahrzunehmen. Das früheste Stadium, an welchem ich ein vollständig erneuertes Epithel wahrnahm, war 29 Tage alt, und die Regeneration schwankt zwischen weiten Grenzen. Bei einer Helix pomatia ist die Wunde nach 13 Tagen fast ganz geschlossen und bereits kubisches Epithel aufgetreten, eine andere befindet sich nach 65 Tagen auf demselben Stadium, eine dritte hat mit 27 Tagen fast vollständig regenerirt, während bei einer vierten nach 60 Tagen das Epithel noch plattenförmig ist. —

Die Regeneration des Auges.

Der interessanteste Punkt bei den Regenerations-Erscheinungen ist zweifellos die Wiedererzeugung des Auges, eines Organs, dessen histologische Elemente sich so scharf von allen andern Geweben unterscheiden und dessen Bau, wenn auch nicht so complicirt, wie die älteren Naturforscher annahmen, immerhin ziemlich zusammengesetzt ist. Ich will nun zunächst die Neubildung des Auges vom ersten Anfang bis zu seiner Vollendung darlegen und dann den Vergleich mit der embryonalen Entwicklung ziehen. Dabei werde ich in kurzen Zügen ein Gesammtbild der Regenerationserscheinungen in fortlaufender Reihe entwerfen, wobei ich zunächst von einzelnen Unregelmässigkeiten absehe und hierauf die einzelnen Fälle selbst genauer beschreibe. —

Wenn das Epithel des Augenträgerknopfes fast gänzlich regenerirt ist, aber noch nicht die gewöhnliche Compactheit erlangt hat, und häufig noch, während die Zelltheilungen im Gange sind, entsteht in der Furche des Knopfes an der Stelle, wo das Auge normaler Weise liegt, eine kleine birn- oder apfelförmige Einsenkung der Epithelzellen. Mit dem weiteren Wachsthum nimmt sie an Umfang zu und ihr Lumen vergrössert sich, während gleichzeitig der Eingang sich verengt

---

[1]) *Fraisse*, Ueber die Regeneration von Organen und Geweben bei Amphibien und Reptilien. Tageblatt der 52. Naturforscherversammlung zu Baden-Baden 1879. pag. 223.

und schliesslich obliterirt. Während nun das Epithel sich über der Stelle der Einstülpung schliesst. löst sich dieselbe von dem Epithel ab und entfernt sich von ihm um ein wenig nach Innen zu. Die so gebildete Blase zeigt noch keine histologische Differenzirung ihrer Zellen, sondern ist allseitig aus den gewöhnlichen Epithelzellen zusammengesetzt. Nun beginnt die Umgestaltung. Zunächst verlängern sich die der Abschnürungsstelle diametral gegenüber liegenden Zellen in der Weise, dass der Zellkörper sich nach dem Centrum zu streckt, während die Kerne mehr an der Peripherie liegen bleiben. Diese Aenderung schreitet nach beiden Seiten hin fort bis über zwei Drittheile der Blase in solcher Art umgestaltet sind. Gleichzeitig beginnt auch das Pigment aufzutreten und zwar sind es auch in diesem Falle zuerst die der Oeffnung der Blase beziehungsweise dem Epithel diametral gegenüberliegenden Zellen, welche diese Veränderung wahrnehmen lassen. Die Zellen, welche an der Vorderseite der Blase nach dem Epithel zu liegen, bilden sich ebenfalls um, jedoch in anderer Art. Ihre Kerne reihen sich an der Peripherie regelmässig neben einander und ihre Zellkörper verlängern sich gegen das Centrum hin, aber sie erreichen durchschnittlich nur die halbe Länge der erstbeschriebenen Zellen und unterscheiden sich von ihnen durch grössere Freiheit des Protoplasmas. Während solchergestalt die ursprünglichen Cylinderepithelzellen theils in die Corneazellen, theils in die Gebilde übergehen, welche man bisher als Stäbchen- und als Körner- oder Kernschicht zu unterscheiden pflegte, bildet sich durch fortgesetzte Cuticularausscheidung die Linse. Am spätesten vollendet sich die Pigmentumhüllung der einzelnen Stäbchenzellen. Aber nach ca. 50 Tagen ist auch diese vollständig gebildet, und wir haben nun ein Organ vor uns, welches sich in Nichts von dem normalen Auge unterscheidet.

So stellt sich die Regeneration des Auges dar, wenn der Vorgang rasch und regelmässig sich abspielt. Dass dies nicht immer der Fall, werden die jetzt zu beschreibenden Fälle lehren. Aber wie unregelmässig auch die Anlage und die Entwicklung sein mag — das Resultat ist immer ein dem normalen in allen Theilen gleiches Auge.

Ich schiebe hier noch ein, was ich über das Auftreten des Pigmentes in den Stäbchenzellen beobachtet habe. — Oefter sah ich — wie unten genauer beschrieben wird — die Umwandlung der langen Bindegewebszellen zu Pigmentzellen und wie dieselben nach den regenerirenden Theilen des Fühlermuskels zu einwanderten. So konnte das Pigment ja auch zu den Stäbchenzellen gelangen. Bei diesen aber verhält es sich anders. Das Pigment tritt in dem Plasma der Zelle selbst auf und zwar zunächst in Gestalt weniger rundlicher Körnchen, welche an der dem Centrum zunächst zugewandten schmalen Seite der Zelle gebildet werden. Fig. 17 und 18. Mit dem Wachsthum der Augenblase mehrt sich auch das Pigment, indem es von dem centralen Ende der Stäbchenzellen nach dem peripherischen Ende derselben hin in den einzelnen Zellen fortschreitet. Dabei wird es aber nur in der Peripherie jeder einzelnen Zelle abgelagert, und der grössten Menge nach um das centrale Ende der Stäbchenzellen, während es sich nach aussen zu in den verschiedenen Zellen verschieden weit erstreckt und an Intensität abnimmt — d. h. die Pigmentkörnchen liegen dort weiter von einander entfernt und schliesslich ganz vereinzelt. Dies zeigt schon ein Blick auf den Längsschnitt eines normalen Auges. Von aussen nach innen kann man dann an der Stäbchenzelle unterscheiden: die Zellmembran, oder, wie man wohl besser sagen wird: die äusserste, etwas verdichtete Schicht des Protoplasmas, das derselben dicht anliegende Pigment und den von demselben wie von einem cylinderförmigen Mantel umschlossenen durchsichtigen centralen Theil der Zelle, das sogenannte Stäbchen.

Ich muss hier bemerken, dass schon *Leydig*[1]) hervorgehoben hat, dass die histologischen Elemente der äusseren Retina und der Chorioidea ein und dieselben Zellen seien und *Hensen*[2]) die Bildung des Pigments in den eingestülpten Ectodermzellen beobachtete.

Eigentlich sollte ich mit Abbildungen und Beschreibung der allerfrühesten Stadien der Einstülpung beginnen, doch scheint mir dies aus zwei Gründen unthunlich. Der erste ist der, dass die Einstülpung im ersten Anfange aussieht, wie eine kleine Falte des Epithels und sich von den sonstigen Epithelfalten weder histologisch noch der Gestalt nach unterscheidet. Nun ist allerdings die Stelle des Auges durch verschiedene Kennzeichen, wie Ansatz der Muskeln, Lage des Ganglions, bestimmt, so dass man immer im Stande ist, anzugeben: hier müsste sich das Auge vorfinden und wenn sich hier eine Falte findet, so scheint man berechtigt, sie als eine Augeneinstülpung anzusehen. Es stülpten sich aber bei diesen frühen Stadien die Fühler nie ganz aus und meistens zeigten sich in der Gegend der betreffenden Stelle dann nicht nur eine, sondern auch zwei sich ganz ähnliche Falten, deren jede man als Einstülpung ansehen würde, falls sie allein da wäre. Welche ist es nun? oder sind es beide? Leider ist mir bei etwas älteren Stadien der letztere Fall nie vorgekommen, so interessant es auch wäre, wenn sich einmal zwei Augenblasen bildeten. — Oder ist es keine von beiden? Um aus diesem Dilemma zu kommen, ohne mich der Gefahr auszusetzen, eine Falte als Einstülpung zu beschreiben oder zu zeichnen, die vielleicht doch keine wäre, begnüge ich mich lieber mit der einfachen Angabe, dass ich nach verschiedenen Präparaten der Ueberzeugung bin, dass der erste Anfang der Einstülpung in der Bildung einer kleinen Epithelfalte an der Stelle besteht, wo früher das Auge lag. — So wende ich mich denn zur Beschreibung der ersten sicheren Einstülpung, wie sie in Figur 13 a, b, c dargestellt ist. Das Stadium, von Helix hortensis Nr. 243 IV, ist 29 Tage alt und zwar vom 28. Juni bis zum 27. Juli. Die Einstülpung ist sehr klein, der Dickendurchmesser beträgt kaum 0,03 mm., der Längsdurchmesser 0,075 mm. Von dem Epithel aus hat sich ein kleiner Pfropf von wenigen Zellen nach innen gesenkt, von welchem der erste Schnitt die obere Decke zeigt: bei dem folgenden Schnitt, welcher die Mitte trifft, findet sich in der Einstülpung ein kleiner Hohlraum, der nach aussen zu offen ist. Auf dem nächsten Schnitte schon ist er verschwunden und wir haben hier die untere Decke ähnlich der obern. Unter den sich anschliessenden Zellen des Epithels befindet sich eine mit einer Kernfigur.

---

[1]) *Leydig*. Zur Anatomie und Physiologie der Lungenschnecken. Archiv f. mikroskopische Anatomie. Bd. I. p. 56.
[2]) *Hensen*. Ueber den Bau des Schneckenauges etc. Archiv für mikroskopische Anatomie. Bd. II. pag. 421. Doch könnte sich vielleicht — dem Zusammenhange nach — die citirte Stelle nur auf Wirbelthier-Embryone beziehen.

Auf einem sehr frühen Stadium befindet sich auch die Anlage des Auges von Helix pomatia Nr. 136, 47 Tage nach der Operation. Es hat eine Einstülpung von Epithelzellen stattgefunden, welche mit dem Epithel in vollkommenem Zusammenhang steht und noch nicht abgeschlossen ist. Die Zellen sind vollständig unverändert und umschliessen einen äusserst kleinen Hohlraum. Auch hier ist das Epithel noch unfertig und zeigt viele Zelltheilungsfiguren. Das Stadium entspricht ungefähr dem von 243 IV Figur 13, die Form der Einstülpung aber, sowie die der Zellen Nr. 209 Figur 15.

Dieser Epithelpropf wächst nun; sein Umfang und gleichzeitig die Höhlung nehmen zu, so dass eine rundliche Blase entsteht, welche noch durch einen äusserst kurzen hohlen Stiel mit dem Epithel zusammenhängt. Dieses Stadium zeigt eine Helix hortensis 55 Tage nach der Operation, welche am 22. April geschehen war. Fig. 14, Nr. 164 I. Das Epithel ist hier zwar schon cylindrisch, aber noch mitten in der Bildung begriffen, seine Zellen haben noch wenig Zusammenhang und die vielen Kernfiguren lassen auf rege Theilungs-Vorgänge schliessen. Ich gebe hier einen Längsschnitt mitten durch die Einstülpung. Die Epithelzellen stehen noch in unmittelbarem Zusammenhang mit den eingestülpten Zellen; die letzteren sind noch in nichts von den ersteren verschieden und zeigen gleich diesen noch vereinzelte Kernfiguren. Der grösste Durchmesser der Blase beträgt 0.1 mm. Dieses Stadium erinnert auffallend an die offenen Augen, wie sie bei Patella [1]) vorkommen.

Hierauf wird zunächst die Einstülpung geschlossen, indem das Epithel über derselben zusammenwächst. Dies zeigt z. B. eine Helix nemoralis. Figur 15 Nr. 209. Hier erscheinen die Zellen insofern von denen des noch ziemlich unfertigen Epithels abweichend, als sie heller sind, das heisst ihr Protoplasma etwas homogener ist und weniger Karmin angenommen hat. In dem sonstigen Habitus derselben ist noch kein nennenswerther Unterschied vorhanden.

Eine Einstülpung ähnlich wie Nr. 209 Figur 15 zeigt nach 35 Tagen Helix hortensis Nr. 249. Der Hohlraum ist hier nur den dritten Theil so gross wie der bei Nr. 209 und unter den Zellen der Blase befinden sich mehrere mit Kernfiguren, wie sie auch in dem zunächst liegenden noch unfertigen Epithel vorhanden sind.

Ein sehr schönes Bild einer eben geschlossenen Einstülpung liefert der Augenträger einer Helix pomatia Figur 16a bis d Nr. 197, dessen Auge am 20. Mai abgetragen wurde, nach 34 Tagen. Eine Falte im Epithel bezeichnet die Stelle der Einstülpung; letztere selbs fliegt schon hinter demselben, befindet sich aber stellenweise noch im Zusammenhang damit. Die Höhlung erscheint hier sehr klein im Verhältniss zu der dicken Wandung der Blase, deren Zellen sich ohne die geringste Abänderung als echte und normale Epithelzellen erweisen. Am innigsten ist die Verbindung der Einstülpung mit dem Epithel noch auf den ersten Schnitten, von der Mitte an gegen das Ende hin hebt sie sich mehr von demselben ab und die Grenzlinie tritt deutlicher hervor.

---

[1]) Nach den interessanten Untersuchungen meines verehrten Freundes *Fraisse*, die ich an eigenen Präparaten bestätigen kann. Auffallend und vielleicht für dieses offene Auge charakteristisch ist das Fehlen eines deutlichen Sehnerven, der an keinem Präparat nachzuweisen war; auch bei dem regenerirenden Auge ist ein solcher in diesem Stadium noch nicht vorhanden.

Wie die Abbildungen zeigen, haben die Zellen der Augenblase ihren Cuticularsaum bewahrt, mit welchem die Höhlung also zunächst ausgekleidet ist, während er sich auf dem Epithel über der Einstülpung noch nicht vollständig wieder gebildet hat.

Der Längsdurchmesser dieser Blase beträgt 0,096 mm., der Querdurchmesser 0,039 mm.

Mit dem fortschreitenden Wachsthum gehen wichtige Umbildungen in der Augenblase vor. Sie selbst löst sich von dem Epithel vollständig ab und gleichzeitig lässt sich eine Differenzirung ihrer bisher ziemlich gleichartigen Zellen in zwei Gruppen erkennen, Hand in Hand gehend mit dem ersten Auftreten des Pigmentes, Figur 17 Nr. 162 I. In den äusseren, nach dem Epithel zu stehenden Zellen beginnen die Kerne sich regelmässig neben einander zu legen und rücken möglichst nahe an die äussere Grenze der Augenblase, während das Protoplasma selbst homogen und klar wird. Dies sind die späterhin als „Corneazellen" zu bezeichnenden Elemente. — Die Zellen der anderen Gruppe strecken sich etwas mehr in die Länge, ihr Protoplasma ist noch nicht so durchscheinend, wie das der erstgenannten Zellen und als Hauptunterschied beginnt in ihnen die Pigmentirung. Dem centralen, freien Rande der Stäbchenzellen sich anlagernd, treten in dem Protoplasma derselben zunächst eine Reihe von kleinen Pigmentkörnchen auf; allmählig vermehren sie sich und wandern in centrifugaler Richtung vom innern Ende der Zellen mehr und mehr gegen den Kern hin.

In dem hier beschriebenen Stadium von Helix hortensis, 55 Tage nach der Operation, ist das Pigment noch auf wenige Zellen beschränkt; auch der Gestalt nach ist die Trennung der beiden Zellformen noch keine scharfe und eine Grenze zwischen beiden lässt sich nicht angeben. Die Augenblase misst im Längsdurchmesser 0,1 mm., im Querdurchmesser 0,075 mm.

Ein wichtiger Bestandtheil des Auges, welcher in den früheren Stadien noch fehlte, tritt jetzt auf, indem von hier an sich in den Augenblasen auch eine Linse vorfindet. Siehe den betreffenden Abschnitt.

Bei Helix hortensis Nr. 164 I befindet sich die Augeneinstülpung nach 55 Tagen noch auf einem ziemlich frühen Stadium. Der allgemeinen Entwicklung nach würde es ungefähr dem eben beschriebenen entsprechen. Aber während die Zellen der Augenblase sich schon in etwas von den Epithelzellen unterscheiden, wenn auch eine genauere Differenzirung zwischen den beiden Zellformen kaum angedeutet ist, so hängt sie doch noch grossentheils mit dem Epithel zusammen und anderseits ist die Pigmentirung weiter vorgeschritten und gleicht mehr derjenigen des sogleich zu beschreibenden Stadiums.

Das nächste Stadium befindet sich bei einer Helix hortensis 55 Tage nach der Operation. Figur 18 a und b Nr. 164 II. Hier hat sich die Augenblase nicht soweit von dem Epithel entfernt, wie bei 162 I Figur 17, sondern steht sogar noch theilweise in Verbindung mit demselben, wie ein tangirender Schnitt zeigt. Figur 18 a. Dieser Zusammenhang ist jedoch ein sehr kurzer und nur auf den ersten zweien von zehn durch das Auge gelegten Schnitten vorhanden. Der übrige Theil des Auges liegt dem Epithel nicht sehr dicht an und zeigt in der Differenzirung der Zellen schon einen ziemlichen Fortschritt. Die Corneazellen mit ihren Kernen stehen bereits

„scharf gerichtet" da, während die Pigmentirung der Stäbchenzellen etwas weiter vorgeschritten ist und letztere schon länger gestreckt erscheinen, als erstere. Eine bestimmte Grenze beider Formen ist noch nicht vorhanden.

Der Querdurchmesser des Auges beträgt 0,09 mm., der Längsdurchmesser dagegen 0,167 mm., so dass das Auge eine sehr in die Länge gestreckte Form aufweist. Doch kann ich nicht angeben, in wie weit diese Verzerrung in der ursprünglichen Gestalt der Augenblase begründet ist oder von Contraction der umliegenden Gewebe abhängt, da der Fühler zur Hälfte eingestülpt war.

Kaum auf derselben Stufe steht das Auge einer Helix pomatia nach 101 Tagen, Nr. 159. Es ist zwar von dem Epithel vollkommen abgetrennt, aber der Unterschied zwischen den Corneazellen und den Stäbchenzellen fast etwas weniger ausgeprägt, während die Pigmentirung um etwas stärker ist. —

Das Auge einer Helix hortensis Nr. 105 ist 132 Tage nach dem Verluste des ganzen Augenträgers etwas stärker pigmentirt als 164 II, ohne irgend merklich weiter entwickelt zu sein. Dagegen ist seine Gestalt fast kugelförmig. Seiner Färbung nach würde es zwischen 164 II und das später zu beschreibende 165 I sich einreihen.

Ebenso hält auch die Augenblase einer Helix hortensis Nr. 163 am 55. Tage nach der Operation in Bezug auf Entwickelung und Pigmentirung ungefähr die Mitte zwischen 164 II und 165 I und liegt dem Epithel dicht an, ohne mit ihm zusammenzuhängen.

Bei Helix hortensis 202 I, welcher beide Tentakel im Zusammenhange abgetrennt worden waren, findet sich nach 41 Tagen in dem 1 mm. langen regenerirten Augenträger ein Auge bereits von dem Epithel abgetrennt und in der Ausbildung ungefähr 164 II entsprechend, nur etwas stärker pigmentirt. Dieses ist, trotzdem es mit dem Fühler sich erneuerte, das unregelmässigste an Gestalt, welches ich unter meinen vielen Präparaten besitze. Während die ersten Querschnitte es in der Contour ziemlich rund zeigen, erscheinen die nächsten schon ähnlich sphärischen Dreiecken und· auch die innere Höhlung ist durch Einbuchtungen sehr unregelmässig gestaltet. Gegen das Ende hin wird das Innere des Auges durch die auftretenden starken Falten sogar in drei kleine Höhlungen getheilt, in deren jede ein Theil der Linse hineinragt, während die Contour der Augenblase ungefähr die einer langgestreckten Ellipse ist. Figur 22. Es gehört zu den vielerlei Ueberraschungen, mit welchen die Schnecken mich überhäuften, dass gerade in einem Fall, in welchem das Auge ungestört durch äussere Einflüsse sich regeneriren konnte und desshalb eine regelmässige Gestalt zu erwarten war, unter allen die verzerrteste Form sich bildete. —

In dem Verhältnisse, wie die Augenblase wächst und sich vergrössert, tritt auch die Umbildung der ursprünglichen Epithelzellen zu den charakteristischen Bestandtheilen des Helix-Auges schärfer hervor und beide Zellformen nähern sich mehr und mehr ihrer normalen Gestalt. Ein 77 Tage altes Stadium von Helix hortensis Nr. 165 I weist schon bedeutende Veränderungen gegenüber dem zuletzt abgebildeten auf. Figur 19. Das Auge, — jetzt verdient die frühere Einstülpung schon diesen Namen — ist ziemlich gross. Sein Längsdurchmesser beträgt 0,19 mm., der Querdurchmesser 0,14 mm., die Masse nähern sich also schon sehr denen des normalen Auges. Während bisher eine deutliche Grenze zwischen den Corneazellen und den Stäbchenzellen noch nicht zu erkennen war, sondern die beiden Formen fast unmerklich in einander übergingen, sind sie jetzt schon scharf unterschieden. Zunächst ist dieser Unterschied in der Grösse der Zellen ausgesprochen. Die Corneazellen blieben kleiner und änderten sich nur noch wenig, die Stäbchenzellen dagegen nahmen bedeutend an Länge zu. Dies geschah in der Art, dass der von den Kernen nach innen zu liegende Theil des Zellkörpers wuchs und sich in die Länge dehnte, die Kerne selbst aber ihren ursprünglichen Platz behaupteten und so mehr in die Peripherie zu liegen kamen.

Dadurch, dass diese Kerne meist etwas unregelmäsig liegen, entsteht namentlich bei nicht sehr dünnen Schnitten ein Bild, welches die früheren Beobachter veranlasste, ausser der (inneren) „Stäbchenschicht" eine (äussere) „Kern- oder Körnerschicht" anzunehmen, während, wie aus der Entwicklung des Organs hervorgeht, bei Helix wenigstens die Kerne der Stäbchenzellen durchaus nicht berechtigt sind, eine selbstständige Stellung zu beanspruchen als eine — einer „Stäbchenschicht" gegenüberstehende oder gleichberechtigte — „Körnerschicht". Es ist dies ebensowenig der Fall, als man die Kerne der den Stäbchenzellen gleichartigen Corneazellen als eine selbstständige Schicht ihren Zellkörpern gegenüber auffassen kann.

Mit der äusseren Gestalt der Stäbchenzellen ändert sich auch ihr inneres Gefüge, indem der vollkommen farblose Zellkörper ein noch mehr homogenes glasiges Gepräge erhält.

Die Pigmentirung ist ebenfalls schon bedeutend vorgeschritten. Die inneren Enden der Zellen sind tiefschwarz, und die Pigmentkörnchen erstrecken sich mit zunehmender Verdünnung weit gegen die Kerne hin. Der freie Saum, welcher in dem normalen Auge sich meist zwischen den Enden der Stäbchenzellen in der Linse findet, ist auch in diesem Stadium schon vorhanden; und gerade wie bei dem normalen Auge sieht man Pigmentkörnchen von dem Rande des Pigments aus in denselben hineinragen.

In diesem Stadium steht auch der Sehnerv bereits in Verbindung mit dem Auge.

Noch nicht so stark pigmentirt wie 165 I ist das Auge einer Helix hortensis 48 Tage nach der Operation, Nr. 160. Im Uebrigen ist es dem abgebildeten Stadium sehr ähnlich, zeigt aber eine etwas mehr ausgesprochene Kugelgestalt. Auffällig ist die hier als Unicum vorkommende hohle Linse, auf welche ich weiter unten zurückkommen werde.

Das regenerirte Auge von Helix hortensis, Nr. 161, zeigt 55 Tage nach der Operation sich stärker entwickelt, als 165 I, aber doch noch nicht soweit, wie das jetzt zu beschreibende 193 II, obwohl es in Bezug auf die Pigmentirung dem letzteren schon ziemlich gleich steht.

Damit das regenerirte Auge dem normalen gleich werde, ist eigentlich nur noch etwas stärkere Pigmentirung und allgemeines Wachsthum nöthig. Ein Auge auf diesem Stadium findet sich bei einer Helix hortensis 51 Tage nach der Operation, Fig. 20 Nr. 193 II a.

Der Gegensatz zwischen den Corneazellen und den Stäbchenzellen, sowie die Grenze zwischen beiden ist scharf ausgeprägt und die Pigmentirung nahezu so stark, wie in dem normalen Auge von Helix nemoralis, schon stärker, als bei Helix arbustorum. Auch die Grösse hat die normale so ziemlich erreicht. — Der Längsdurchmesser beträgt 0,2 mm., der Querdurchmesser 0,17 mm.

Augen von älteren Stadien, welche noch um eine Spur weiter vorgeschritten sind, als das vorliegende, sind von dem normalen in nichts mehr verschieden. Desshalb habe ich von diesen keine Abbildung mehr gegeben, da eine solche nur die Copie des normalen Auges (Fig.21) sein würde. Während das Auge einer Helix hortensis im Alter von 94 Tagen (Nr. 194) genau auf dem Punkte der Ausbildung steht, wie das oben beschriebene, sind die jetzt aufzuführenden etwas älteren Stadien dem normalen Auge vollständig gleich, so die 125 Tage alten von A I und A II und die von B I und B II, 124 Tage nach der Operation — sämmtlich Helix hortensis angehörig. Unter den vier letztgenannten besitzt A II eine fast vollkommen runde Form, die übrigen drei zeigen kleine Abweichungen in Bezug auf die Gestalt.

Ferner sind vollkommen ausgebildet die Augen von Helix hortensis Nr. 71, 70 Tage nach der Operation und von Helix nemoralis, Nr. 203, 56 Tage nach der Operation. In dem ersteren Falle war der ganze Tentakel, im zweiten aber beide Tentakel mit einer kleinen Hautbrücke abgetragen worden. Weit entfernt also, dass eine solche Verletzung die Regeneration des Auges verzögert hätte, bieten gerade diese Objecte einige von den frühesten Fällen einer vollständigen Regeneration. In der gleichen Zeit erreichten allerdings die Augenträger selbst nur eine Höhe von 1—2 mm.

Ich habe hier noch die Beschreibung eines sehr frühen Stadiums der Augenbildung nachzutragen, welche ich an der ihr eigentlich gebührenden Stelle nicht besprochen habe, da sie mir als eine Abweichung von der Bildung der übrigen Augenblasen, welche ich beobachtete, ein besonderes Interesse zu beanspruchen schien. —

Oben sagte ich, die Einstülpung des Auges beginne zu einer Zeit, wo das Epithel aus fast vollständig cylinderförmigen Zellen bestünde. Eine Ausnahme von dieser Regel bietet das jetzt zu beschreibende Stadium einer Helix pomatia, Nr. 190a — 59 Tage nach der Operation. Hier findet sich, mit dem Epithel schon nicht mehr im Zusammenhange, als Augenanlage eine kleine Blase von 0,075 mm. Durchmesser, deren Wandung nicht aus cylindrischen, sondern aus cubischen Zellen gebildet wird, aus welchen in diesem Falle auch das regenerirte Epithel noch besteht (Fig. 23).

Eine Differenzirung der Zellen hat noch nicht stattgefunden, und dieselben sind unter sich noch vollkommen gleich. — Hiemit hätte ich eigentlich nur eine kleine Abweichung beschrieben von nicht besonderer Bedeutung; Interesse dagegen erlangt dieselbe durch Vergleichung mit der in Figur 24 abgebildeten Gehörblase eines sehr jungen Embryo's von Helix pomatia. Dieselbe hat die Gestalt einer hohlen Kugel, deren Wandung aus grossen, ziemlich cubischen Zellen mit grossen Kernen gebildet wird; ihr Querdurchmesser beträgt 0,075 mm. Die Aehnlichkeit der beiden Gebilde ist äusserst auffallend. Bedenken wir aber nun, dass bei den Embryonen der Schnecken die erste Entstehung des Auges, sowie des Gehörorgans sich ganz auf die gleiche Weise vollzieht und dass die ersten Einstülpungsstadien beider bei gleichem Alter auch das gleiche Aussehen haben, so begehen wir keinen Fehler mit der Annahme, dass diese Gehörblase in ihrer Bildung ein etwas jüngeres Stadium einer Augenblase repräsentirt. Dies vorausgesetzt, zeigt das eben beschriebene Regenerationsstadium — wenn der Ausdruck gestattet ist — die embryonalste Bildung unter allen von mir beobachteten Augeneinstülpungen; denn ganz entsprechend dem Vorgange der embryonalen Entwickelung hat sich die Blase eingesenkt und abgeschnürt, so lange das Epithel noch aus cubischen Zellen bestand.

Da ich die Neubildung des Fühlermuskels und seiner Pigmentzellen nicht eingehend beobachtete, so wollte ich sie in dieser Arbeit gar nicht berücksichtigen. Weil es mir aber gelegentlich der Untersuchungen von *Fraisse* von Interesse war, zu bemerken, dass die Regeneration dieser Theile genau in derselben Weise vor sich geht, wie bei den Wirbelthieren (Salamandrinen), so will ich mit kurzen Worten an dieser Stelle ihrer Erwähnung thun.

Was die Entstehung der Pigmentzellen betrifft, so beobachtete ich darüber Folgendes: (Fig. 10 a—d).

In den langgestreckten Bindegewebszellen (*Flemming*'s spongiösem Bindegewebe) treten zuerst vereinzelt, dann immer zahlreicher Pigmentkörnchen auf, bis sie schliesslich das ganze Protoplasma durchsetzen und der Kern kaum noch durchschimmert. Kurz nach dem Auftreten des Pigments beginnen sie zu wandern und streben in langen Zügen der Regenerationsstelle des Muskels zu. Ihre Gestalt ist natürlich eine sehr wandelbare, meist aber sind sie bedeutend in die Länge gestreckt. Fig. 10 d zeigt eine der mehr extremen Formen.

In Bezug auf die Erneuerung des Muskels selbst nahm ich wahr, dass diese von dem Stumpfe desselben aus vor sich ging, indem lange spindelförmige Zellen mit länglichen Kernen daraus hervorsprossten und sich schliesslich zu den normalen Muskelröhren umbildeten.

Schliesslich möchte ich hier noch einer Erscheinung Erwähnung thun, welche, wie ich glaube, noch nicht beschrieben ist. Der Augennerv steckt bekanntlich in einer contractilen Hülle, die sich mit dem Nerv, sowie er von dem Auge getrennt ist, mehr oder weniger stark spiralig zusammenzieht. Während nun die Fasern des Nerven selbst im Zickzack geknickt erschienen, waren die zwischen den Nervenfasern liegenden Kerne spiralig gewunden, wie es Fig. 8 zeigt. Es scheint also den Fasern und Kernen ein verschiedener Elasticitätsgrad zuzukommen.

Die Bildung und Structur der Linse.

Eines Bestandtheiles des Auges habe ich bis jetzt noch nicht Erwähnung gethan, der Linse; ich will desshalb mit kurzen Worten nachholen, was sich nach meinen Beobachtungen über ihre Entstehung sagen lässt. —

Die Bildung der Linse beginnt ungefähr gleichzeitig mit der Pigmentirung des Auges oder geht derselben unmittelbar voran. Bei den regenerirenden Augen fand ich die erste Anlage einer Linse bei dem 55 Tage alten Stadium Nr. 162 Fig. 17; unter den Embryonen von Helix pomatia zeigte sich in dem in Fig. 25 abgebildeten Auge eine sehr kleine nicht ganz regelmässig gestaltete

Linse, welche die Höhlung des Auges vollkommen ausfüllte. In einem etwas jüngeren Auge, dessen Querschnitt ein den Fig. 16 c und d ziemlich entsprechendes Bild zeigte, war dagegen noch keine Linse vorhanden.

Sowohl bei der Entstehung des Helix-Auges durch Regeneration, als auch bei der embryonalen Entwickelung stellt sich die Linse deutlich als eine meist massive structurlose Cuticular-Bildung dar [1]), ausgeschieden von den Zellen der Augenblase. Sie zeigt ein gleichmässiges Gefüge ohne einen sich durch Färbung oder Verdichtung von der übrigen Masse unterscheidenden Kern. Von ihrem ersten Auftreten an füllt sie stets die — Anfangs ja ungemein kleine Höhlung der Augenblase vollständig aus und wächst gleichmässig mit der Vergrösserung derselben durch die Ausscheidung der die Wand bildenden Zellen.

Nach der Einwirkung von Reagentien sind zuweilen, namentlich in jüngeren Linsen, Bläschen oder kleine Hohlräume wahrzunehmen. Nie konnte ich bemerken, dass die Linse durch einen von ihr ausgeübten Druck die Gestalt der Zellen des Auges oder dessen Gesammtform beeinflusst habe, wie dies *Simroth*[2]) anzunehmen scheint. Auch mit seinen sonstigen Ausführungen über die Bildung der Linse und des Auges kann ich mich auf Grund meiner sämmtlichen Beobachtungen über die Entstehung dieser Organe nicht einverstanden erklären, während die histologischen Details, welche er bringt, durch meine Untersuchungen im Allgemeinen bestätigt werden. —

Ich habe unterlassen, Abbildungen von den mannigfachen Linsenformen zu geben, welche ich in den verschiedenen Augen fand, weil ja bekanntlich die Linse durch die Reagentien sehr angegriffen wird und man nie sicher sein könnte, ob das Bild auch wirklich ein normales oder ein Kunstprodukt sei. Nur eine zu auffallende Linse, bei welcher mir letztere Annahme ausgeschlossen zu sein scheint, habe ich in Fig. 9 wiedergegeben. Sie gehört zu dem schon ziemlich vorgeschrittenen Auge einer Helix hortensis, Nr. 160 — 48 Tage alt. Entgegen der sonst im Allgemeinen massiven Bildung der Linsen besteht diese hier aus einer hohlen Kugel mit ziemlich dünner Wandung; durch den Schnitt wurde ein Theil der Wand abgetragen, so dass der Blick in den Hohlraum frei wurde. —

Ich weiss, dass ich mit der obigen Darstellung ziemlich allen Autoren, welche bis jetzt über die Schneckenaugen gearbeitet haben, widerspreche, da dieselben, gestützt auf die Autorität *Leydig's* und dessen Angaben über Paludina verallgemeinernd, auch die Helix-Linse aus Zellen entstehen liessen. Nun sind aber die Augen bei verschiedenen Ordnungen nicht nur sehr verschieden gebildet, sondern zeigen auch in der Entwickelung derartige Abweichungen, dass wir bei Prosobranchiern[3]) gefundene Erscheinungen nicht ohne Weiteres auf Pulmonaten übertragen

---

[1]) Dass die Linse des Helix-Auges eine solche sei, trägt *Semper* schon seit Jahren in seinem Colleg vor; durch meine Untersuchung zeigt sich diese Ansicht vollkommen bestätigt.

[2]) *Simroth*. Ueber die Sinneswerkzeuge unserer einheimischen Mollusken. Zeitschr. f. wissensch. Zoologie. Bd. XXVI. 1876. pag. 238 ff.

[3]) Ich hatte beabsichtigt, im Sommer 1879 die Entwickelung des Auges auch bei Paludina vivipara zu untersuchen. Da dieselbe bei Würzburg nicht vorkommt, war Herr Dr. *M. Braun* so freundlich, mir Anfangs August eine Anzahl aus Schlesien zu senden, aber leider waren die Embryone gerade um acht Tage zu alt. Die drei jüngsten

dürfen. Nur in der ersten Bildung als Follikel des Epithels zeigt sich allgemeine Uebereinstimmung, dann aber geht die Entwicklung nach weiten Grenzen auseinander. Ich erinnere nur an das weit offene, linsenlose Auge von Patella [1]), an das nicht vollkommen geschlossene Auge von Haliotis [2]), dessen Linse aus einem gallertigen Secret besteht, an die ziemlich harte Cuticularbildung, wie wir sie bei Helix finden, und an das hoch organisirte Rückenauge von Onchidium [3]), dessen Linse von grossen deutlichen Zellen gebildet wird [4]).

Stadien, welche ich auffand, sind ungefähr so weit entwickelt, wie das älteste von den abgebildeten Augen der Helix-Embryone. Soweit ich übrigens nach den untersuchten Exemplaren urtheilen kann, zeigt das Auge von Paludina ebenso Abweichungen in der Entwicklung, wie bei dem erwachsenen Thiere. Ich hoffe im nächsten Sommer Gelegenheit zu haben, eine eingehendere Untersuchung hierüber anstellen zu können.

[1]) Nach den bereits citirten Untersuchungen von *Fraisse*.

[2]) Nach *Semper*, welcher das Haliotis-Auge schon vor längerer Zeit untersuchte und in seinem Colleg jährlich demonstrirt, aber leider darüber immer noch nichts veröffentlicht hat.

[3]) *Semper*. Ueber Sehorgane vom Typus der Wirbelthieraugen auf dem Rücken von Schnecken. Wiesbaden 1877.

[4]) Die Betrachtung, dass bei vielen Augenblasen, wie z. B. bei den von Haliotis, Helix etc. die Linse ein Secret des Auges ist und die Art der Entwicklung derselben zwingt uns förmlich, die Aehnlichkeit solcher Augen mit einfachen Hautdrüsen nicht ausser Acht zu lassen. Bei vielen Arten schwindet der Drüsen-Charakter nach vollendeter Entwickelung, bei anderen, wie z. B. bei Haliotis, deren Entwicklung auf halbem Wege stehen bleibt, beharrt er auch während des ganzen Lebens. Eine solche Vergleichung könnte sich mit Recht wohl auch auf die Drüsenaugen und Augendrüsen der Onchidien sowie der Scopeliden (Dr. *M. Ussow*, Ueber den Bau der sogenannten augenähnlichen Flecken einiger Knochenfische) berufen.

III.
Die Regeneration des Auges im Vergleich mit der embryonalen Entwicklung.

Ich wende mich nun zu der Frage, in wie weit die Entwicklung des Auges auf dem Wege der Regeneration in Verbindung gebracht werden kann mit der embryonalen Bildung dieses Organes.

Ich suchte dieselbe dadurch zu beantworten, dass ich die Entwicklungsgeschichte der bei Würzburg sehr häufig vorkommenden Helix pomatia bearbeitete. Dabei halte ich es nicht für überflüssig, an dieser Stelle einige Notizen über die Zeit der Begattung, sowie der Eiablage dieser Thiere vorauszusenden.

Das erste Paar, welches ich bei der Begattung überraschte, fand ich am 9. Mai. Diese schienen mir zu den frühesten Vorläufern zu gehören, denn bei weitem die grösste Anzahl erhielt ich zwischen dem 24. und 31. Mai. Doch begatteten sich die gefangenen Schnecken, welche ich in einem grossen vergitterten Kasten hielt, der mit Rasen ausgelegt war, noch bis in die Mitte Juni. Hiebei will ich gleich bemerken, dass bei Helix pomatia nicht eine einmalige Begattung stattfindet, sondern, dass dieser Act öfters wiederholt wird. Und zwar konnte ich Fälle beobachten, wo dasselbe Paar in der Zeit von 14 Tagen dreimal das Beilager vollzog. Doch sind es bei weitem nicht immer die nämlichen Thiere, welche sich wieder zusammenfinden, sondern im Allgemeinen sucht jedes Thier eines Pärchens für die späteren Begattungen sich neue Gefährten.

Es ist desshalb kaum möglich, eine ganz genaue Zeitangabe zu machen, wie lange nach der Befruchtung die Eiablage stattfindet, da man selten genau angeben kann, wann der erste und wann der letzte Coïtus stattgefunden habe. Von einem Pärchen, welches ich am 24. Mai im Walde bei der Begattung gefunden hatte, legte das eine Thier am 13. Juni die Eier ab. Da ich bei diesem Paar eine nochmalige Begattung in der Gefangenschaft nicht beobachtete, so wären in diesem Falle 20 Tage zwischen dem ersteren und letzteren Acte verflossen. Gegen Mitte Juni traf ich auch die meisten Schnecken im Freien mit der Eiablage beschäftigt, und in den ersten Tagen des Juli zeigten sich die frisch ausgeschlüpften jungen Schnecken. Man kann also sagen, dass von der ersten Begattung bis zum Eierlegen ca. 30 Tage, und von da bis zum Ausschlüpfen der Jungen ca. 20 Tage vergehen.

So hatte ich im Laufe des Juni ein Material von mehreren Hundert Helix pomatia-Eiern gesammelt, als ich durch verschiedene unangenehme Abhaltungen verhindert wurde, diesen Vorrath in der entsprechenden Weise auszunützen und gerade die frühesten Stadien verlor. Doch sind, wie wir sehen werden, meine Beobachtungen vollkommen ausreichend, um in Verbindung mit den vorhandenen Angaben über die erste Entstehung des embryonalen Auges bei den Schnecken darzuthun, dass das Auge bei der Regeneration ganz auf dieselbe Weise gebildet wird, wie bei der embryonalen Entwicklung.

Verfolgt man nun die Entwicklung des Auges an der Hand der von den hier angeführten Autoren[1]) beobachteten Erscheinungen, so ergibt sich, dass wir folgende Thatsachen bei den Land-Pulmonaten kennen.

In dem Ectoderm tritt eine grubenförmige Einsenkung auf, welche sich vertieft, an Grösse zunimmt und schliesslich zu einer vollständigen hohlen Einstülpung wird, die sich von dem Epithel abschnürt. Zunächst liegt sie in Gestalt einer dickwandigen Blase unmittelbar unter der Epidermis und allmälig entwickeln sich aus ihr die Bestandtheile des normalen Auges. — Die Pigmentirung beginnt an dem von dem Epithel entfernten Pole und schreitet immer weiter nach vorne zu vor, bis die Corneazellen erreicht sind, an welchen die Pigmentschicht scharf abgesetzt endigt.

Die Linse tritt als ein heller, stark lichtbrechender Körper innerhalb der Augenblase auf. —

Eine neue Abhandlung von *Rabl*[2]), welche mir erst nach Abschluss meines Manuscriptes in die Hände kam, ist für mich von grosser Wichtigkeit, indem darin der eben aus verschiedenen Arbeiten zusammengestellte Entwicklungsvorgang an einem Thiere beobachtet und an Schnitten untersucht wurde. Ich führe die diesbezüglichen Stellen wörtlich an:

„Die Augen machen sich zuerst als kleine, rundliche, helle Flecken am hinteren, unteren „Rande der Scheitellappen bemerkbar und bestehen Anfangs aus einer Gruppe heller, cylindrischer „Ectodermzellen. Bald darauf stülpen sich diese Flecke in der Mitte ein, so dass es auf jeder „Seite zur Bildung eines kleinen Säckchens kommt (Taf. XXXVII, Fig. 19), das sich alsbald von „der Oberfläche abschnürt, und sodann ein kleines, aus wenigen Zellen bestehendes, kugeliges „Bläschen bildet, das unmittelbar unter der Haut an der Basis der Fühler gelegen ist......

---

[1]) Die Entwicklungsgeschichte des Limnäus stagnalis ovatus und palustris, nach eigenen Beobachtungen dargestellt von *F. F. Karsch*. Archiv für Naturgeschichte XII. Bd. 1.

Leydig. Ueber Paludina vivipara. Ein Beitrag zur näheren Kenntniss dieses Thieres in embryologischer, anatomischer und histologischer Beziehung. Zeitschrift f. wissensch. Zoologie Bd. II. 1850. pag. 125 ff.

Gegenbaur. Beiträge zur Entwicklungsgeschichte der Landgastropoden. Zeitschrift für wissensch. Zoologie Bd. III. 1851. pag. 385 ff.

Semper. Private Mittheilungen über die Augeneinstülpung bei philippinischen Paludina-Embryonen, nicht wie bei *Grenacher* und *Hensen* angegeben ist, bei einer Landpulmonate.

Salensky. Beiträge zur Entwicklungsgeschichte der Prosobranchier. Zeitschr. f. wiss. Zool. Bd. XXII. 1872.

Hensen. Archiv für mikroskopische Anatomie .II Bd. 1866. pag. 416.

Grenacher. Zur Entwicklungsgeschichte der Cephalopoden. Zeitschr. f. wiss. Zool. Bd. XXIV. 1874, p. 480.

Carl Rabl. Die Ontogenie der Süsswasserpulmonaten. Jena'sche Zeitschrift für Naturwissenschaft. Bd. IX. (neue Folge II.) 1875. pag. 195.

[2]) *C. Rabl*. Ueber die Entwicklung der Tellerschnecke. (Mit Tafel XXXII — XXXVIII), Morpholog. Jahrbuch Bd. V, Heft IV. pag. 621.

„Einige Zeit, nachdem die Bildung der beiden Augenbläschen vollendet ist, bemerkt man in ihrem
„Inneren an der Stelle der hellen Flüssigkeit, welche Anfangs die Höhle erfüllte, ein gelbliches,
„stark lichtbrechendes Körperchen, in dem wir die erste Anlage der Linse erkennen."
Wirklich auffallend gross ist die Uebereinstimmung eines Schnittes durch eine eben geschlossene, aber von dem Epithel noch nicht abgeschnürte Augenblase, welchen *Rabl* in Figur 19 auf Tafel XXXVII wiedergibt, mit dem von mir Figur 16 d abgebildeten Schnitte durch ein entsprechendes Regenerations-Stadium. —

Zum Vergleich mit diesen Beobachtungen über die embryonale Entwicklung will ich hier die Worte citiren, mit welchen ich das erste Auftreten des Auges bei der Regeneration oben geschildert habe.

„Es entsteht in dem Tentakelknopfe an der Stelle, wo das Auge normaler Weise liegt,
„eine kleine birn- oder apfelförmige Einsenkung der Epithelzellen. Mit dem weiteren Wachsthum
„nimmt sie an Umfang zu und ihr Lumen vergrössert sich, während gleichzeitig der Eingang sich
„verengt und schliesslich obliterirt. Während das Epithel sich über der Stelle der Einstülpung
„schliesst, löst sich dieselbe von dem Epithel ab und entfernt sich von demselben um ein wenig
„nach Innen zu. Die so gebildete Blase zeigt noch keine histologische Differenzirung ihrer Zellen,
„sondern ist allseitig aus den gewöhnlichen Epithelzellen zusammengesetzt. Nun beginnt die Um-
„gestaltung. Zunächst verlängern sich die der Abschnürungsstelle diametral gegenüberliegenden
„Zellen in der Weise, dass der Zellkörper sich nach dem Centrum zu streckt..... Gleichzeitig
„beginnt auch das Pigment aufzutreten und zwar sind es auch in diesem Falle zuerst die der
„Oeffnung der Blase, beziehungsweise dem Epithel diametral gegenüber liegenden Zellen, welche
„diese Veränderung wahrnehmen lassen."

Die Uebereinstimmung in beiden Fällen der Entwicklung ist vollkommen klar, und nicht nur in diesem frühen Stadium, sondern auch bei dem weiteren Wachsthum des Auges vorhanden [1]. —

Nach den Angaben der Autoren habe ich oben die Bildung des Auges bis zur Zeit der Pigmentirung verfolgt. Mit der jetzt zu besprechenden Augenanlage eines Embryo von Helix pomatia greife ich auf ein etwas früheres Stadium zurück. Fig. 25. Die Einstülpung scheint sich erst vor kurzer Zeit abgeschnürt zu haben und das Pigment ist noch nicht aufgetreten. Die Differenzirung der Zellen in Stäbchen- und Corneazellen hat begonnen, ist aber noch sehr wenig vorgeschritten — kurz, wir haben ein Bild ganz ähnlich demjenigen, welches uns ein frühes Stadium des regenerirenden Auges einer Helix hortensis in Fig. 14 zeigt. Auch die Grösse ist ungefähr die gleiche, denn der Durchmesser des regenerirenden Auges ist gleich 0,1 mm., während die embryonale Augenblase 0,12 mm. im Querdurchmesser und 0,09 mm. im Längsdurchmesser

---

[1] Ich glaube vollkommen berechtigt zu sein, an dieser Stelle mich auch auf *Semper's* Angaben über die Bildung der Rückenaugen bei den Onchidien zu stützen. Denn auch hier bildet sich das Auge aus einem Follikel der Epidermis; dass derselbe ein „geschlossener" ist, während die Helix-Augen sich aus offenen Follikeln bilden, ist kein nennenswerther Unterschied, ebenso wenig wie der Umstand, dass das Onchidien-Auge sich nach einem anderen Schema entwickelt. Die Hauptsache ist, dass in beiden Fällen das Auge als eine Einstülpung von Epithelzellen entsteht, aus welchen seine sämmtlichen späteren Bestandtheile hervorgehen.

beträgt. Nur muss ich bemerken, dass in dem embryonalen Auge eine Linse vorhanden war, während sich in der noch nicht ganz geschlossenen regenerirenden Augenblase eine solche noch nicht gebildet hatte. Kurze Zeit, bevor die junge Helix pomatia das Ei verlässt, beginnt die Pigmentirung des Auges, also später, wie z. B. bei Limnaeen und Paludinen.

Das Auge eines Embryo auf diesem Stadium zeigt uns Fig. 26. Die Stäbchenzellen sind länger gestreckt und deutlicher ausgebildet, so dass sie sich ziemlich scharf von den Corneazellen unterscheiden, welche sich ebenfalls schon der normalen Form nähern. Die Pigmentirung der Stäbchenzellen hat begonnen und zwar ganz entsprechend sowohl den Angaben der oben citirten Autoren, als auch meinen Beobachtungen an den Regenerationsstadien. Vergleichen wir das Auge mit meinen Abbildungen der letzteren, so können wir ihm unschwer seinen Platz zwischen den in Fig. 17 und 18 wiedergegebenen Stadien anweisen. Es ist wohl etwas stärker pigmentirt, als das erstere, aber die einzelnen Elemente des Auges sind noch nicht so deutlich ausgebildet, wie bei dem letzteren. — Nach meinen Beobachtungen bei Helix pomatia ist das Pigment des Auges das erste, welches in dem Körper des Thieres auftritt. Es ist also hier das gleiche Verhältniss, wie bei Limax agrestis und den Süsswasser-Pulmonaten, bei welchen nach *Gegenbaur*[1]) und *Rabl*[2]) die Ablagerung des Pigmentes im Auge früher beginnt, als zu irgend einer anderen Stelle. —

Ich halte es nicht für nöthig, weitere Abbildungen von älteren Embryonen zu geben; schon die beiden eben beschriebenen sind genügend, um im Zusammenhange mit den bereits bekannten Vorgängen bei der Entwicklung deutlich genug zu zeigen, dass nicht nur in der ersten Bildung, sondern auch in dem weiteren Wachsthum des Auges die vollkommenste Uebereinstimmung zwischen der embryonalen Entwicklung und der Regeneration stattfindet.

Nur in Bezug auf die Zeit, binnen welcher in beiden Fällen das Auge sich bildet, zeigt sich ein Unterschied — nämlich das regenerirende Auge braucht nahezu die doppelte Zeit bis zu seiner Vollendung, wie das embryonale. Aber dieser Verschiedenheit kann man auch nicht die geringste Bedeutung beimessen — im Gegentheil, es wäre auffallend, wenn sie nicht vorhanden wäre. In dem einen Falle entwickelt sich ja das Organ im Embryo, durch die Eihülle gegen äussere Einflüsse geschützt und in vollkommener Uebereinstimmung mit den übrigen Organen. Ganz anders liegen die Verhältnisse in dem zweiten Falle; hier wird einem erwachsenen Thiere das Auge abgetrennt und die Neubildung desselben geht vor sich unter dem Einflusse des Alters, der Individualität, der Witterung u. s. w.; ebenso wirken die umliegenden Organe in mannigfacher Weise störend und hemmend ein. Dadurch wird natürlich nicht nur Anfangs oft eine Verzerrung des Auges bedingt, sondern dasselbe wird auch in seiner Entwicklung verzögert, bis es schliesslich doch all' diese Widerstände überwindet und als vollkommen normal gebildetes Organ an Stelle des früher abgetrennten fungirt.

---

[1]) *Gegenbaur*, Beiträge zur Entwicklungsgeschichte der Landgastropoden. Zeitschrift für wissenschaftliche Zoologie. Bd. III. pag. 386.
[2]) *Carl Rabl*. Die Ontogenie der Süsswasser-Pulmonaten. Jena'sche Zeitschrift. Bd. IX. 1875. pag. 209.

Résumé.

Fassen wir zum Schlusse die im Laufe der vorliegenden Untersuchung gewonnenen Resultate zusammen, so ergibt sich:
1. Dass *Spallanzani*'s Angaben über die Regeneration bei den Schnecken bestätigt werden mit Ausnahme der Behauptung, dass mit dem Schlundring abgetrennte Köpfe nachwüchsen; diesen Punkt muss ich entschieden in Abrede stellen. Dagegen sind die Verschiedenheiten und Widersprüche in den Versuchen von *Spallanzani*'s Gegnern und Freunden leicht zurückzuführen einestheils auf die Art der Operation und die dazu gebrauchten Instrumente, sowie auf die Behandlung und Pflege der Thiere nach der Verstümmelung und den Einfluss der Jahreszeit;

ferner darauf, dass verschiedene Species sich auch in sehr verschiedener Weise der Verstümmelung und der Regeneration gegenüber verhalten. Dies wurde von der Mehrzahl der Experimentatoren nicht berücksichtigt; die Resultate, welche Dieser bei der einen Species erlangt hatte, wünschte Jener bei einer anderen zu erhalten. Missrieth ihm nun das Experiment, so hielt er sich sofort für berechtigt, daraufhin die Angaben des Collegen über eine ganz andere Species als unwahr zu bezeichnen;

schliesslich darauf, dass die Unregelmässigkeiten, welche die Schnecken auch unter gleichen Verhältnissen bei dem Regeneriren wahrnehmen lassen — und welche schon *Spallanzani* ausdrücklich hervorhob — von den übrigen Autoren vollkommen vernachlässigt wurden.
2. Dass die Regeneration des Epithels bei den Schnecken in derselben Weise vor sich geht, wie bei den Wirbelthieren.
3. Dass abgetrennte Organe, wie z. B. das Auge, bei ihrer Neubildung genau denselben Grad der Vollkommenheit wieder erhalten, den sie im normalen Zustande vor der Operation besassen. Wir konnten die Entwicklung des Auges verfolgen von dem ersten Auftreten einer Einstülpung des Epithels bis zu seiner vollständigen Ausbildung, und sahen unter unseren Augen aus den einfachen Epithelzellen sämmtliche Bestandtheile des normalen Auges hervorgehen.
4. Dass die Bildung des Auges bei der Regeneration genau in der gleichen Weise stattfand, wie bei der embryonalen Entwicklung.

Nachtrag zu pag. 26.

Von befreundeter Seite aufmerksam gemacht, dass ich der Mehrzahl meiner Vorgänger Selbsttäuschung in Betreff der den Schnecken abgeschnittenen Theile zum Vorwurf mache, ohne anzugeben, wie ich selbst diese Klippe vermieden habe, will ich eine kurze Beschreibung meines Verfahrens in diesem Punkte nachtragen. Unmittelbar nachdem ich einer Schnecke Theile der Tentakel oder des Kopfes nach der Seite 26 angegebenen Methode abgetragen hatte, wurden die Abschnitte genau untersucht und der Befund in das Journal eingetragen. Meine Angaben über die Behufs der Regeneration abgeschnittenen Theile sind also immer als die Ergebnisse der in jedem einzelnen Falle vorgenommenen Untersuchung zu betrachten, und jede Täuschung erscheint auf diese Weise ausgeschlossen.

Verzeichniss der benützten Literatur.

1) *Martini Lister* exercitatio anatomica. Londini 1694.
2) *Godefredus Dubois* in Caroli Linnaei Amoenitates Academicae 1751.
3) *Ziegenbalg* in Mercure Danois 1754.
4) *Spallanzani*. Prodromo di un opera ad impremersi sopra le riproduzioni animali. Modena 1768.
5) Programme ou précis d'un ouvrage sur les reproductions animales etc. etc. par de la Sabionne. Geneve 1768.
6) *Jakob Christian Schäffer's* erstere und fernere Versuche mit Schnecken, nebst einem Nachtrage. Zweite Auflage. Regensburg. 1770.
7) *Roos* in Mercure de France. Dezembre 1768.
8) *Roos*. Avant-coureur Nr. 30. 1768.
9) „   „   „   „ 47. 1768.
10) *Lavoisier* in Avant-coureur Nr. 38. 1768.
11) „   „   „   „   „ 44. 1768.
12) *Otto Friedrich Müller*. Historia vermium terrestrium et fluviatilium succincta. Bd. II. 1774.
13)   do.   Observations sur la Physique etc. par Rozier 1778.
14) *Voltaire*. Les colimaçons du reverend Père l'Escarbotier etc. 1768. Oeuvres de Voltaire par Bouchot. Paris 1831. Tome XLIV. Mélanges Tome VIII.
15) *C. Bonnet*. La palingénésie philosophique. Bd. I. Geneve 1769.
16)   do.   Traité d'insectologie.
17)   do.   Observations sur la physique etc. par Rozier. Tome X. Paris 1777.
18)   do.   Collection complete des oeuvres de Ch. B. Neuchatel 1781. Tome V. 1.
19) Anonymus (*M....*) in Avant-coureur Nr. 13. 1769.
20) *Senebier* in Observations sur la Physique etc. par M. l'Abbé Rozier. Paris 1777. Tome X.
21) *H. Sanders*. Nachricht von geköpften Schnecken in: „Der Naturforscher", 16 Stück. Halle 1781.
22) *Adanson* in Bonnet, Observations sur la Physique par Rozier Tome X. 1777.
23) *Wartel* (Watel) in Mercure de France 1768. L'avant-coureur 1768.
24) *Schröter*, Versuch einer systematischen Abhandlung über Erdconchylien. Berlin 1771.
25) *Valmont de Bomare* in L'avant-coureur. Paris 1769.
26) *Cotte* in Journal des sçavans. Juin 1770.
27)   do. in Observations sur la physique par M. l'Abbé Rozier. Paris. III. 1775.
28) *Murray, Jo. Andreas*. De redintegratione partium cochleis limacibusque praecisarum disserens etc. Goettingae 1776.
29) *Argenville*. L'histoire naturelle éclaircie dans une des ses parties principales la conchiliologie etc. augmenté de la zoomorphose. Paris 1757.
30) *Abildgaard, P. C.* Bemerkungen über den Bonnet'schen Versuch, dass die abgeschnittenen Köpfe der Schnecken wieder hervorwachsen. Nordisches Archiv für Natur- und Arznei-Wissenschaft. Bd. I. Kopenhagen 1799.

31) Giornale di Pisa. Bd. XXXII. 1778.
32) *Spallanzani*. Risultati di esperienze sopra la Riproduzione della Testa nelle Lumache terrestri. — Memorie di Matematica e Fisica della società Italiana. Tomo I. 1782.
33) *Spallanzani*. Memoria seconda ed ultima sopra la riproduzione della Testa nelle Lumache terrestri. Memorie di Matematica e Fisica della società Italiana. Tomo II. 1784.
34) *Aug. Friedr. Schweigger*. Handbuch der Naturgeschichte der skeletlosen ungegliederten Thiere. Leipzig 1820.
35) *C. Semper*, Reisen im Archipel der Philippinen. Zweiter Theil. Bd. III. Heft 1. Wiesbaden 1870.
36) *Flemming*. Ueber das Verhalten des Kerns bei der Zelltheilung und über die Bedeutung mehrkerniger Zellen. Virchow's Archiv für pathologische Anatomie und Physiologie. Bd. XXVII. 1879. Taf. 1.
37) *Flemming*. Untersuchungen über Sinnesepithelien der Mollusken. Archiv für mikroskopische Anatomie. 1870. Bd. VI.
38) *Simroth*. Ueber die Sinneswerkzeuge unserer einheimischen Mollusken. Zeitschrift für wissenschaftliche Zoologie. Bd. XXVI. 1876.
39) *Hensen*. Ueber das Auge einiger Cephalopoden. Zeitschrift für wissenschaftl. Zoologie. Bd. XV.
40) do. Ueber den Bau des Schneckenauges und die Entwicklung der Augentheile in der Thierreihe. Archiv für mikroskopische Anatomie. Bd. II. 1866.
41) *Leydig*. Zur Anatomie und Physiologie der Lungenschnecken. Archiv für mikroskopische Anatomie. Bd. I.
42) Die Entwicklungsgeschichte des Limnaeus stagnalis, ovatus und palustris, nach eigenen Beobachtungen dargestellt von *F. F. Karsch*. Archiv für Naturgeschichte. XII. Jahrgang, Bd. I.
43) *Leydig*. Ueber Paludina vivipara. Ein Beitrag zur näheren Kenntniss dieses Thieres in embryologischer, anatomischer und histologischer Beziehung. Zeitschrift für wissenschaftliche Zoologie. Bd. II. 1850.
44) *Gegenbaur*. Beiträge zur Entwicklungsgeschichte der Landgastropoden. Zeitschrift für wissenschaftliche Zoologie. Bd. III. 1851.
45) *Salensky*. Beiträge zur Entwicklungsgeschichte der Prosobranchier. Zeitschrift für wissenschaftliche Zoologie. Bd. XXII. 1872.
46) *Grenacher*. Zur Entwicklungsgeschichte der Cephalopoden. Zeitschrift für wissenschaftliche Zoologie. Bd. XXIV.
47) *Bronn*. Klassen und Ordnungen des Thierreichs. Bd. III. Abth. II. pag. 1267.
48) *Fraisse*. Ueber die Regeneration von Organen und Geweben bei Amphibien und Reptilien. Tageblatt der 52. Naturforscher-Versammlung zu Baden-Baden 1879.
49) *Carl Rabl*. Die Ontogenie der Süsswasser-Pulmonaten. Jena'sche Zeitschrift für Naturwissenschaft Bd. IX. 1875.
50) do. Ueber die Entwicklung der Tellerschnecke. Morphologisches Jahrbuch Bd. V.

Tafel-Erklärung.

Alle Figuren sind mit dem Zeichenapparate entworfen und in möglichster Naturtreue als Abbilder des betreffenden einzelnen Schnittes gezeichnet. Wenn keine andere Angabe gemacht wird, so sind die Zeichnungen mit Seibert 0,V entworfen und nach 0/VII ausgeführt.

Für alle Figuren gemeinsame Bezeichnung: e = Epithel des Tentakelknopfes.

Figur 1. Tafel I. Blutkörperchen von Helix pomatia aus der Hauptarterie des Augenträgers. Entworfen nach 1/V, ausgeführt nach 1/VII.

" 2. Tangirender Schnitt durch den Ganglienzellenbelag der Anschwellung des Fühlernerven.

" 2a. Isolirte Ganglienzellen ebendaher nach Mazeration in verdünntem Alkohol. 1/V. 1,VII.

" 3. Grosse Ganglienzellen aus dem Fühlerganglion 1,V. 1,VII.

" 4. Schleimzellen, welche den Augenträger innen auskleiden. 1/V. 1/VII.

" 5. Runde Bindegewebszellen, welche sowohl als selbständiges Gewebe auftreten, als auch in den Maschen des spongiösen Bindegewebs eingebettet sind.

" 6. Regenerirendes Epithel auf verschiedenen Stadien (6 Nr. 161 a, 6 a Nr. 216 b, 6 b Nr. 167 a.) Entworfen nach 0 VII, ausgeführt nach 1,VII.

" 7 a — c. Verschiedene Kerntheilungs-Stadien aus dem regenerirenden Epithel des Fühlerknopfes. Entworfen und ausgeführt nach 1/VII.

" 8. Spiralig gewundene Kerne aus den contrahirten Sehnerven 0 VII, 0/VII.

" 9. Anormale hohle Linse von Nr. 160 b. 0,V, 1 V.

" 10. Entstehung von Pigmentzellen aus den langgestreckten Bindegewebszellen des Augenträgers 0,VII, 1/VII.

" 11. Tafel II. Helix fruticum mit regenerirenden Augenträgern, 40 Tage nach der Operation (Nr. 277).

" 12. Helix nemoralis mit regenerirenden Augenträgern, 45 Tage nach der Operation (Nr. 203). Die beiden Augenträger entspringen einem gemeinsamen Stamme, der rechte ist um etwas kürzer als der linke, und die Augenpunkte sind in beiden schon sichtbar.

In beiden Fällen ist der frisch regenerirte Theil sehr deutlich von dem normalen durch hellere Farbe und Glätte der Epidermis unterschieden.

Figur 11 und 12 sind von Herrn Rabus gezeichnet.

" 13. Tafel 1. Frühes Stadium der Einstülpung des Auges. Das Epithel ist noch ziemlich unfertig und zeigt Kernfiguren (13 c). Längsdurchmesser 0,075 mm., Querdurchmesser 0,03 mm. Helix hortensis Nr. 243 IV. 29 Tage nach der Operation.

" 14. Längsschnitt durch die Mitte einer weiter vorgeschrittenen Einstülpung, welche noch nicht geschlossen ist. In dem Epithel sind zahlreiche Kernfiguren vorhanden, von denen auch zwei unter den Zellen der Einstülpung sich befinden; Durchmesser 0,1 mm. Helix hortensis Nr. 164, 55 Tage nach der Operation.

" 15. Längsschnitt durch eine sich eben schliessende Einstülpung. Helix nemoralis Nr. 209. 37 Tage nach der Operation.

Figur 16. 4 Längsschnitte aus einer geschlossenen, aber noch nicht gänzlich abgeschnürten Einstülpung. a erster, b zweiter, c dritter, d fünfter Schnitt. Der Cuticularsaum hat sich an den eingestülpten Zellen erhalten. Längsdurchmesser 0,096 mm., Querdurchmesser 0,039 mm. Helix pomatia Nr. 197. 37 Tage nach der Operation.

„ 17. Tafel II. Mittelster Längsschnitt aus einer schon abgeschnürten Augenblase. Die Pigmentirung beginnt eben. Corneazellen und Stäbchenzellen sind noch nicht differenzirt. Längsdurchmesser 0,1 mm., Querdurchmesser 0,075 mm. Helix hortensis Nr. 162 I. 55 Tage nach der Operation.

„ 18. Zwei Längsschnitte durch ein etwas älteres Stadium, welches aber, wie der tangirende Schnitt 18a zeigt, noch an einer Stelle mit dem Epithel in Verbindung steht. Der Schnitt 18b geht durch die Mitte. Hier sind die Corneazellen schon differenzirt, weniger die Stäbchenzellen. Längsdurchmesser 0,167 mm , Querdurchmesser 0,09 mm. Helix hortensis Nr. 164 II, 55 Tage nach der Operation.

„ 19. Längsschnitt durch die Mitte eines regenerirenden Auges, in welchem die Stäbchenzellen schon ebenso scharf differenzirt sind, als die Corneazellen und auch die Pigmentirung eine stärkere ist. Längsdurchmesser 0,19 mm., Querdurchmesser 0,14 mm. Helix hortensis Nr. 165 I. 77 Tage nach der Operation. o = N. opticus.

„ 20. Längsdurchschnitt durch die Mitte eines fast vollkommen regenerirten Auges. Längsdurchmesser 0,2 mm., Querdurchmesser 0,17 mm. Helix hortensis Nr. 193 II. 57 Tage nach der Operation.

„ 21. Längsschnitt durch die Mitte eines normalen Auges von Helix nemoralis, dem die ganz regenerirten Augen vollkommen entsprechen.

„ 22. Längsschnitt durch die Augenblase von Helix hortensis Nr. 202. 41 Tage nach der Regeneration.

„ 23. Längsschnitt durch die Mitte einer von dem Epithel schon getrennten Augenblase mit noch kubischen Zellen. Durchmesser 0,075 mm. Helix pomatia Nr. 109. 59 Tage nach der Operation.

„ 24. Längsschnitt durch die Ohrenblase eines Embryo von Helix pomatia. Längsdurchmesser 0,08 mm., Querdurchmesser 0,075 mm.

„ 25. Längsschnitt durch die Mitte einer von dem Epithel schon abgeschnürten Augenblase eines Embryo von Helix pomatia. Längsdurchmesser 0,12 mm., Querdurchmesser 0,09 mm. Die Corneazellen sind noch gar nicht differenzirt, die Umbildung der Ectodermzellen zu den Stäbchenzellen beginnt eben. Pigment ist noch nicht gebildet

„ 26. Längsschnitt durch die Mitte eines etwas älteren Embryo von Helix pomatia. Die Corneazellen beginnen sich zu differenziren, die Stäbchenzellen sind weiter ausgebildet, die Pigmentirung hat angefangen.

Verbesserungen.

Seite 2 Zeile 7 von unten lies **des** statt **der.**
Seite 3 Zeile 17 von unten lies **von** dem alten nur durch eine graue Linie **sich unterscheidet** statt **vor** dem alten .... **ausgezeichnet ist.**
Seite 4 Zeile 18 von unten lies **pomatia** statt **pouratia**.
Seite 7 Anm. 2 lies **di** statt **die.**
Seite 8 Zeile 11 von oben lies **zu** statt **su.**
Seite 14 Anm. lies **1757** statt **1777.**
Seite 18 Anm. 1 lies **di** statt **die.**
Seite 23 Zeile 4 von unten lies **eigneten sich** statt **eigneten sie sich.**